作者简介

王一鸣 1980年生，南开大学硕士，山东省滨州学院资源与环境工程学院团总支书记、学生科科长，讲师，滨州市众创空间指导教师。担任过15年的高校专职辅导员，目前从事思想政治教育和大学生创新创业研究，现主持省部级课题、市级课题各一项。曾荣获山东省优秀辅导员、滨州市优秀共青团干部等荣誉称号。

当代人文经典书库

新形势下应用型高校德育和创新创业

滨州学院学术著作出版基金资助

王一鸣◎著

光明日报出版社

图书在版编目（CIP）数据

新形势下应用型高校德育和创新创业 / 王一鸣著.
-- 北京：光明日报出版社，2017.4
ISBN 978-7-5194-2747-4

Ⅰ.①新… Ⅱ.①王… Ⅲ.①高等学校—德育工作—研究—中国②高等学校—创造教育—研究—中国 Ⅳ.①G641 ②G649.2

中国版本图书馆 CIP 数据核字（2017）第 070819 号

新形势下应用型高校德育和创新创业
XINXINGSHIXIA YINGYONGXING GAOXIAO DEYU HE CHUANGXIN CHUANGYE

著　　者：王一鸣

责任编辑：曹美娜　郭思齐　　责任校对：赵鸣鸣
封面设计：中联学林　　责任印制：曹　净

出版发行：光明日报出版社
地　　址：北京市西城区永安路 106 号，100050
电　　话：010-67078251（咨询），63131930（邮购）
传　　真：010-67078227，67078255
网　　址：http://book.gmw.cn
E - mail：gmcbs@gmw.cn　caomeina@gmw.cn
法律顾问：北京德恒律师事务所龚柳方律师

印　　刷：三河市华东印刷有限公司
装　　订：三河市华东印刷有限公司
本书如有破损、缺页、装订错误，请与本社联系调换

开　　本：710×1000　1/16
字　　数：215 千字　　印　张：12.5
版　　次：2018 年 3 月第 1 版　　印　次：2018 年 3 月第 1 次印刷
书　　号：ISBN 978-7-5194-2747-4

定　　价：68.00 元

前　言

20世纪80年代，英语成为新加坡学校中的第一语言，华语歌曲却击败英语歌曲在新加坡大行其道，产生了孙燕姿、林俊杰等一批华语歌星，有人把原因归结为华语对英语的文化对抗。一直以来华人都在新加坡占到半数以上，但是如果现在去新加坡就会发现，在当地已经很难找到可以流畅地说中文的人了，这一现象在新加坡的大学校园里更加普遍。在新加坡，因为政治等因素的影响华语逐渐式微。我国对待文化和语言则有截然不同的做法，中华文明源远流长，孕育了中华民族的宝贵精神品格，培育了中国人民的崇高价值追求。自强不息、厚德载物的思想，支撑着中华民族生生不息、薪火相传。中华民族之所以几千年屹立于世界民族之林，历经磨难，一次次凤凰涅槃，成为人类发展史上的奇观，最根本的就是深深植根于民族基因的伟大精神支撑和崇高价值追求。中国是有着悠久文明历史的国家，在世界几大古代文明中，中华文明是没有中断、延续发展至今的文明，已经有5000多年历史了。我们的祖先在几千年前创造的文字至今仍在使用。2000多年前，中国就出现了诸子百家的盛况，老子、孔子、墨子等思想家上究天文、下穷地理，广泛探讨人与人、人与社会、人与自然关系的真谛，提出了博大精深的思想体系。他们提出的很多理念，如孝悌忠信、礼义廉耻、仁者爱人、与人为善、天人合一、道法自然、自强不息等，至今仍然深深影响着中国人的生活。中国人看待世界、看待社会、看待人生，有自己独特的价值体系。中国人独特而悠久的精神世界，让中国人具有很强的民族自信心，也培育了以爱国主义为核心的民族精神。面对中国传统文化的博大精深，一方面我们为之赞叹，另一方面我们又感到了迷茫：传统文化的前途何在？作为重要的文化传承者，高校究竟该用怎样的态度和方式来对待祖先给我们留下的这些宝贵财富？

刚刚过去的一年，网络流行语有“洪荒之力”“吃瓜群众”“工匠精神”“一言不合就××”“蓝瘦香菇”等词上榜。这一类词语常常见诸报端和新媒体，这些词语很多与网络、网民有关，都发端于网民的创造或者传播，按照网络流行词的比例来看，十大词语中八个为网络词语。现代社会生活是极其丰富的多层次的长卷，语言流变的翅膀几乎在生活中的每一个领域翱翔，令我们应接不暇。语言就像是文化在社会的投影和镜像，十大流行语的声音再洪亮，也掩盖不了社会每一个领域中文化的声音。一方面是传统文化在摸索中创新传承；另一方面是网络文化发展的突飞猛进。文化本身就是复杂难测的，所以笔者也只能在高校这个网络文化和传统文化碰撞和交织最紧密的平台上，选取部分点和面，通过语言文化分析、案例分析、个案解读等方法，为两种文化交织产生的新形势构建一个张力结构，并将之融入高校德育和创新创业的框架之内，来探索新形势下高校德育和创新需要做出怎样的调整和变化，也希望帮助大学生多一些对高校的认识和对文化的思考。

目　录
CONTENTS

第一章

传统文化与网络文化

第一节 两种文化的冲突与融合概述

传统文化体量庞大，源远流长，有物质、文化、制度、理论、器具等层面，无数的辉煌在传统文化长河里闪耀。用简短的篇幅对传统文化进行总结和描述，会像瞎子摸象一样充满滑稽色彩，所以这里的传统文化只是从应用型高校范围内能够接触到的传统文化谈起，即便这样也只能是对浅显的表象进行下梳理和分析，完全不会到达“魂”“体”“用”的深度。要分析两种文化在应用型高校中的冲突与融合，就要了解二者的发展传承、语言特色、影响融合等方面的内容，从而在不同的层面进行分析和研判。笔者首先选取了四个介入点来构架和呈现传统文化发展传承现状，之后对传统文化和网络文化的冲突与融合进行简要的概述。

传统文化传承介入点之一：传统文化需要主动学习和传承。被动学习的文化，那是在灌输和“填鸭”，有自己想法的学生会反感，以点带面让学生对传统文化感兴趣，然后自己主动去学习传统文化，笔者认为这是传统文化第一个需要注意的地方。让我们大范围地列一下传统文化在高校可能接触到的内容：文学（楚辞汉赋、唐诗宋词、元曲小说）、艺术（书法绘画、音乐戏曲、建筑文物）、社会主义核心价值观蕴含的传统文化理念、传统节日、传统思潮（百家争鸣、经学玄学、道教佛学、理学新文化、中西体用）、传统哲学（中庸之道、天人合一）等。之所以说目前的传统文化主要依靠自己主动学还有一个方面的意思，就是目前的高校，特别是以培养应用型人才为特色的应用型高校，大学生传统文化教育缺失严重。思政教师开展的“两课”教育蕴含的传统文化内容较少，不能独自起到传承中华优秀传统文化的作用，除了这一点外没有其他公共课程，剩下的就是校园文化活动了，校园文化活动能够起到多大的作用，我们看看传统的节日和唐诗宋词就能了解了。中国阳历节日有六十余个，阴历节日十几个，同学们除了把节日当作放假回家的机会，能够扎扎实实地在学校组织庆祝的传统节日寥寥无几。校园活动千篇一律、缺乏创新，很多时候都是为了活动而活动，窠臼感过于明显，显得吸引力不足。如何找到这样的“点”来带动传统文化的“面”？让我们从社会主义核心价值观来看看，高校里面社会主义核心价值观的宣传可以说比较到位，校园景观和校园文化处处体现着和传统文化结合起来的核心价值观理念，公共区域的墙面上常常可以看到精美的中国画风格的社会主义核心价值观宣传栏，相关的课程、讲座、活动都很多。经过大量的学习，很多同学都找到了自己感兴趣的点。在学生党支部开支部会议的时候，有的学生党员会交流自己的学习心得，听完之后让人感觉很感慨。曾经有个学生党员说，中国的社会主义核心价值观总结得很好，为什么好？就从个人层面简单说说，个人层面包括“爱国、敬业、诚信、友善”，仔细想想，这就是我们的大学生活。爱国就是政治理论学习、党支部工作和学习等；敬业就是学业、学生干部工作、学生会工作；诚信就是考试诚信、做人诚信和就业诚信；友善就是社会实践、素质拓展、尊敬师长和团结同学。基本把大学生活全部包括，其实个人层面上，放在每一个职业上都可以这样把学习、工作和生活都包括在内。这个学生党员因为对社会主义核心价值观感兴趣，所以他找了中国古代的核心价值，如“仁义礼智信、温良恭俭让”；然后又分析了美国高校的核心价值和日本企业的核心价值，他发现相对而言，美国高校的核心价值有一条“勇敢”，而日本企业的核心价值有一条“忍耐”。后面的内容不是课堂的授课内容，也不是校园活动的结果，而是这名学生党员因为感兴趣，自行查找资料开展的研究。如果传统文化教育方面也能有很多这样的点，那么传统文化创新传承的面就可以展开了。

传统文化传承介入点之二：网络成为高校传统文化最重要的创新传承平台。网络成为高校传统文化最重要的创新传承平台，是因为在课堂教育只有极少传统文化的情况下，大学生能够接触到传统文化资讯的最大平台就是网络，尤其是高校图书馆网络信息一体化建设完善之后。学生们通过网络，在个人终端的电脑和手机上可以实现信息的阅读和上传。传统文化通过网络主动投射到大学生的情况有一些，近年来“百家讲坛”就是个很好的例子。易中天先生的品三国系列，阎崇年先生的清史，王立群先生的宋史，百家讲坛汇聚了一大批顶尖的专家、学者，他们用深入浅出的语言，把历史文化与现实生活密切结合，说透了历史，讲活了文化。很多大学生因为通过网络看到了百家讲坛的节目，而针对自己喜欢的部分，查找资料进行深入阅读。同样的例子还有袁腾飞老师，他成名于百家讲堂，后来在新浪开通微博，仅仅到 2015 年中，他公共平台主页上标注的粉丝数量就已经突破了 1200 万，相当一批大学生因为看他的新浪微博开始喜欢上历史。不可忽视的是类似百家讲坛的例子还是太少了，在这样的精品太少的同时，应该警惕篡改历史，低俗化历史和传统的情况比比皆是。

传统文化传承介入点之三：以红色文化为例警惕传统文化篡改、低俗化、丑化现状。红色文化是中华优秀文化的重要组织部分，红色文化的一部分已经成为传统文化的一部分，另一部分正在随着中国特色社会主义的发展而发展和积淀。红色文化承担着思想政治教育例证和实践的一部分重任，但近年来篡改、低俗化和丑化红色文化的现象严重损害了红色文化在大众，尤其是大学生心目中的形象，应该引起我们的重视和警惕。这里面最令人“印象深刻”的就是抗日神剧，抗日神剧不仅把革命先烈描写成手撕鬼子、枪打飞机的超人，还把敌人描绘得过于弱智，让人怀疑为什么这样的抗战还要打那么多年，甚至为战争付出了那么巨大的代价。相对电视、网络上铺天盖地的娱乐化的抗战影视，那些真正严肃的纪录片和对抗战忠实还原的制作比例小得可怜，而能够把历史和现实结合起来的更是少之又少。有些口碑不错的抗战影片，主角大字不识几个，战争素养好得出奇，似乎队伍里面就这样的人能打仗，有文化的也要甘拜下风，而类似的抗战影视剧还真不少。可实际情况是怎样的？有相关常识或者看过我党党史的人应该知道，超过半数的中共高层有留学经历，周恩来、朱德、刘少奇、邓小平、陈独秀、李大钊、董必武、任弼时、叶挺、聂荣臻、陈毅、刘伯承、叶剑英、肖劲光、陈赓、刘亚楼、赵一曼、彭湃等都是留学生，没有留学经历的很多中共领导和将领也都是博览群书、学识渊博，让人感叹抗战神剧为了赢得市场出卖了多少东西。把传统文化过度娱乐化的还有历史宫廷剧，近年来，娱乐化的历史宫廷剧好好给大众上了一课，一场场后宫争斗，一个个阴谋阳谋，把人大致分为好坏两个阵营，一对对男女爱情穿插其中，把复杂的历史用成人童话的眼光一眼“看透了”，不知道是娱乐大众还是愚弄大众。

真正把红色文化好好挖掘和演绎，可以起到震撼人心、荡涤灵魂的作用，传承文化当然更不在话下。高校传播红色文化同样要结合现实深入挖掘红色文化中一个个闪亮的点，让大学生主动被红色文化吸引和感动，起到进一步挖掘和研究红色文化的作用。如面对今天美国的全球霸权主义，从二战之后的朝鲜战争、越南战争、利比亚战争、科索沃战争、伊拉克战争、海湾战争，历数比较大的战争基本上都有美国的参与，其中有很多都是美国发动和主导的。面对美国全球霸权主义，如何利用红色文化对大学生开展思想政治教育，以达到传承红色文化和教育学生的目的？通过组织观看抗战神剧显然不行，通过观看历史宫廷剧以达到以古鉴今的目的估计也难以实现。挖掘红色文化可以做到这一点，抗美援朝就是我们对抗美国全球霸权主义的生动例证。可以选取其中的一个典型视角来看一下：上甘岭战役。其中我们耳熟能详的英雄事迹比比皆是，有的是电影里的真实再现，有的变成了义务教育课本里面的经典篇目，拿着步话机喊为了胜利请向我开炮的王成，舍身堵机枪眼的英雄黄继光，与敌人同归于尽的英雄排长孙占元，用身体接通电话线的英雄班长牛保才，与敌人同归于尽的伤兵战士孙子明，这样的英雄事迹、英雄人物还有很多。记得上学时学过的因为战场上缺水而发生的一个苹果的故事，战士们都舍不得吃的那个苹果转了三圈还没有吃完。每当看到这些英雄事迹，眼泪都要掉下来了，这就是我们的军人，我们的子弟兵，他们是最可敬可爱的人。想起看过的一个电视节目，故事讲一个抗美援朝的老兵，是被战友从炮弹炸后的尸体堆里刨了两个多小时救出来的，在年事已高与病魔做斗争的时候，连医生都感叹他与病魔斗争的顽强意志，后来他的病越来越重，意识也越来越模糊，但求生的欲望却越发的强烈，也许是军人的本能，直到生命的最后一刻，嘴唇还挤出几个词，“这是我的任务……”“活下去。”他不是在为自己而活，他是为了死去的战友而活着。这样的材料还需要“娱乐化”来赢得市场吗，这样的感人事迹谁能下得去“低俗化”的手，把这样的史料通过网络和新媒体手段真实地呈现在大学生面前，大学生还会有人认可《兄弟连》吗？我们的空降兵是为了对抗霸权而抛头颅洒热血，别人的空降兵是为了分得战争利益甚至是为了争得利益而去。对于红色文化，我们的宣传还远远不够，这样的内容重拍多少遍，重新挖掘多少遍，重新与现实结合开展多少教育都不够。

传统文化传承介入点之四：要充分挖掘学生社团的作用。学生社团是指学生为了实现会员的共同意愿和满足个人兴趣爱好的需求，自愿组成的，按照其章程开展活动的群众性学生组织。学生社团是我国校园文化建设的重要载体，是我国传统文化传承的重要载体，是中国高校第二课堂的引领者。我国高校社团存在的问题包括以下几方面。

一是数量方面还远远不足。这一数量的概念，既体现在社团的数量上，也体现在社团参与学生的数量上，更体现在社团种类上面。学生社团虽然发展速度很快，但整体数量依然偏少。目前的学生社团种类主要包括文体类、科技类、社会实践类，而红色社团、理论学术社团数量偏少，兴趣爱好类社团所占比重较大，如舞蹈社、歌曲类社团、滑板社数量多，甚至常常出现重复建设而导致资源浪费的现象。

二是社团活动频次失衡、活动与社会接轨少。高校社团活动呈现活动繁杂，高质量活动不多的局面。社团活动因为缺乏指导，活动组织的自主性很强，但多是从学生角度去设计活动和开展活动，让很多活动组织水平略显稚嫩，重复性活动很多。如征文比赛，似乎成了所有社团的必选活动，什么社团都可以搞征文比赛，随便冠个名字就可以开展一场征文比赛。至于比赛的评委、内容和是否存在抄袭则鲜有人重视。再比如素质拓展类活动，挂着户外素质拓展的名堂，所有的社团都可以用增加凝聚力、提高综合素质为旗号开展。征文比赛和素质拓展活动不是不好，也不是不赞成搞，而是这几类活动频次已经失衡。高质量、有创意的活动比例一直不高，社团活动形式陈旧、宣传方式陈旧导致吸引力不足。如开展社团活动的模式就是：活动方案、各系传达、报名比赛、宣传展板、活动总结。很多社团管理机构常常把检察院系工作的那一套照搬到学生社团上，检查学生社团的档案整理、档案留存等工作，让社团骨干们埋头案牍，重视材料整理高过重视活动效果、活动创新和活动吸引力。社团活动还存在与社会脱节的问题。出于安全、资金、指导等多方面的原因，学生社团的服务社会、服务地方职能发挥得十分有限。高校里面集中性、大规模的让学生与社会进行联系的活动就是社会实践，除此之外在平时的社团活动中，缺乏大学生与社会接轨的活动。大学生早晚要走向社会，有效地打通大学生提前适应社会的路径，有效地提高大学生社会责任感和服务社会意识是高校的使命之一。如果因为怕出现安全问题和责任问题而畏首畏尾、因噎废食，那么培养大学生社会适应能力，提高大学生社会实践能力就完全成了一句空话和套话。

三是社团人员比例失调。高校社团人员的配比呈现一个有趣的趋势，大一上学期似乎所有的人都在社团里面，大一下学期大部分人又都退了出来。大二还有一部分留在社团里面，社团里面除了几个社团骨干就再也找不到几个大三的学生了，至于大三以上的学生基本和社团绝缘。造成社团人员比例失调的原因很多，包括社会上功利主义的影响、学生的学业压力、学校唯学风建设论和社团本身缺乏吸引力等因素。四是社团缺乏场地、经费和有效指导。高校社团有时会分为学校级别的重点社团和院系级别的一般社团。重点社团有时会有一部分室内场地，一般社团则主要以室外场地为主。社团的经费以学校划拨和实报实销为主，社会上的经费来源极少。社团内部收取社费的情况有的高校允许，有的高校不允许、不支持。社团的经费常常以组织社员购买用品、参加活动等形式来赚取。社团的指导教师一般是团组织的老师和辅导员，我国高校目前的辅导员数量配比还远远没有赶上高校改革后学生增长的速度，有的高校是在一比二百左右，有的高校能超过一比五百，团组织的老师属于职能部门，所以人数很少。

这样看来，让那些处理日常工作都满负荷的老师们去开展没有硬性要求的社团活动指导工作显然效果不会理想。建议如下。

一是重点解决重复建设的问题。对学生社团进行科学分类和数量配比，如根据一定比例建设体育类、文艺类、科技创新类、志愿服务类和学术理论类社团。强调学术理论类社团的比例不能低于一定数量，保证红色社团和哲学类社团的生存空间。提高学生社团的理论水平和服务社会的职能。强调学生社团社会责任感和服务社会意识的职能，与国家政策和社会正能量保持同频共振、同步同轨。

二是规范社团活动、提高社团吸引力。规范社团申请管理运行程序，将社团活动按照活动开展目的分为几个板块，如拓展人际关系板块、锻炼自我板块、服务社会板块等。参加社团活动不能一窝蜂地冲上去，要根据年级不同，设计不同的锻炼目标。低年级同学完成相应的初级目标之后才能进入下一个环节。学校对于社团高级目标类活动可以纳入统一的管理，给予重点的经费支持。改变过去因人成事的社团组织和管理运行模式，避免因为人员变更就沉寂的情况出现。提高学生社团的目标化管理和项目化管理的程度和水平，切实增加社团活动对成员的吸引力，减少重复和粗制滥造的活动立项，避免为活动而活动和为考核而活动的现象出现。

三是专人指导、科学指导。国外的社团非常吸引大学生的一个地方在于社团的人脉和社会资源部分，我国高校社团应该有这方面的长远考虑。专人指导社团活动开展首先要建设完善高校学生社团校友录制度，通过新媒体和网络手段，组建完善的校友录群组织，定期在群内联系，组织固化的线上和线下活动以增强社团的凝聚力和向心力。其次要科学化为学生社团量身定制和设计活动，修改完善《社团活动条例》，增加学生社团活动场地，简化学生社团活动经费使用、审批和划拨程序，从学校和院系层面联系社会机构和企事业单位，为社团活动牵线搭桥。

网络文化的争议很多，其定义离不开网络和文化两方面，在传播方面有迅捷的优势，表现上具有极强的渗透性和冲击力。有其独特的魅力，也有其游离于规范和规矩之外的特点。网络文化依托于电脑、手机等平台，依靠网页、软件、APP 等传播系统，运用网络语言、网络新词、符号、图片、视频作为表达方式，功能强大且发展迅猛。传统文化是根植于中华民族深层的精神内源，以儒家为核心观念，包罗万象又仪态万千，是中华民族几千年价值观、方法论和道德标准的体现，是连接华夏儿女的血脉纽带，无形又牢固，传统文化是中华民族的精神家园和道德源泉。

两种特色鲜明的文化在 21 世纪初开始相会，有契合点、有碰撞点、有融合点，扮演的角色和拥有的话语权在悄然发生着变化，这一变化影响着社会的每一个层面和角落。要分析网络文化和传统文化的融合和冲突，需要首先看到这两种文化在与其他文化接触时有什么样的特点，这一点上网络文化因为产生时间短还很难预测出未来的事情。传统文化则不然，五千年的中华文明孕育而出的传统文化经历了至少两次大的文化交流和冲突，一次是汉唐佛教，另一次是西方文化。汉唐时代，丝绸之路紧跟在军队的身后铺展开来，中华民族的眼光看到了西域甚至更远的地方，丝绸、瓷器的贸易输出伴随着黄瓜、葡萄等商品的流入，佛教悄然传播。以禅入诗引领了当时最顶尖的一部分文人的创作，王维、苏轼和同时期的文人受到佛教的影响，尤其开始重视平仄的变化。这一时期的文言文因为佛教经文的引入，超越了儒家礼教森严的窠臼的同时带来了白话文的改革。元朝至今西方文化的涌入大潮从未停歇，民族虚无主义、文化殖民主义种种思潮涌动，白话文、拼音、标点、繁简字，传统文化甚至经历了“失语”的窘境。但每经历一种文化的冲击，传统文化总会在消化、吸收之后对自己做出一些改变，在新的基础之上进入另一个繁荣期。可以说，中华传统文化具有强烈的融合性、包容性，更具有强烈的自我更新性。21 世纪初网络文化来势凶猛，它夹杂着西方文化为代表的种种文化和思潮，向传统文化发出了第三次交流和冲突的信号。

网络文化与传统文化的冲突表现在以下几方面。

1. 虚拟性和现实性的对立

网络文化产生于虚拟的数字和符号，它的发展根基浅，依赖于网络这一特殊的空间。虚拟化的文化属性让网络文化天然与传统文化的现实性形成对立。网络文化的语言十分具有特色，语言和词语是文化构成的基本单位，网络语言虚拟化决定了它与传统语言文字之间的矛盾。举个简单的例子，人们在网上交流多了之后，常常发现两个问题，一是提笔忘字；二是因为长时间不怎么书写，自己的写字能力在退化。这是人们明显能感觉到的变化，潜移默化的例子还有很多，如人们交流之中语句开始变短，语句中各类变种的语言和词语开始出现，符号、数字、字母等网络语言让传统语言文字受到很大冲击，汉字使用水平可能会呈现下降趋势等。

2. 多元性和一元性的对立

网络文化与其说是一种新生文化，不如说是杂糅各种文化、思潮和产品的模式。西方文化、佛教文化、非洲文化、美洲文化，不同的价值观、世界观，不同的生存、生活、交往和工作的模式在网络中不加筛选地全盘端出，个人主义、英雄主义、泛自由化各种思潮观念交织其中。相对于网络文化的多元性和杂糅性，传统文化则单一的多。以儒家思想为内核的传统文化在思维方式、心性修养和哲学境界中都有其一定之规。天人合一、中庸之道、善恶之辩、人文精神，传统文化相对于网络文化成熟得多也成型得多。多元性带来的自由化甚至是非道德化，让人们在虚拟世界中可以无视传统的约束和权威，网络文化中存在着普遍的自律意识差、道德观念缺失的现象。甚至出现了虚拟和现实哪个才是真实的错乱现象，年轻人养成了网络阅读、网络思维，很多成了网络人，有的甚至产生了网瘾。

3. 更新效率的对立

网络文化在更新效率上目前来看有技术上的优势，依托于互联网发展的网络文化，可以伴随着互联网的成长完成一部分自我更新。网络文化交互性和主体性换位的模式，让文化的位置感模糊，自我更新的效率提高。相对于网络文化而言，传统文化的更新在向网络文化靠拢的同时丧失了一部分自我更新的稳定性，一定程度上忽略了自我更新的步骤规范。

网络文化与传统文化的融合表现在以下几方面。

1. 文化成本上的融合

传统文化出版时间长，印刷、运输、传播、销售的成本都高于网络文化，网络文化依托于虚拟网络，免除和降低了很大一部分文化成本。而网络文化快餐性的短平快决定了其文化的质量需要向传统文化学习，从这个角度来看网络文化因为复制和转载带来的文化成本上升又远远高于传统文化。从文化成本上来看，网络文化和传统文化有相当多的空间和板块需要相互交流和融合。

2. 价值观和道德观上的融合

传统文化有几千年来形成的成熟的价值观和道德观，观念的基础扎实，内部结构稳定，方方面面都涉及得很全面。新中国成立之后，与马克思主义和中国革命相结合，传统文化孕育而生了红色文化、社会主义核心价值观、荣辱观等符合中国国情的先进文化和理论。网络文化价值观和道德观方面属于建设的初期，需要规范化和自律意识的介入，特别需要传统文化的价值观和道德观的融入。网络文化自身又包含有多元文化的价值观和道德观，未经梳理和融通，人们接受起来对传统文化包含的价值观和道德观是一种反向辩证的过程，造成了传统文化价值观自身的更新和融合。从价值观和道德观角度来看，网络文化和传统文化之间值得借鉴的地方很多。社会主义核心价值观影响下的年轻人，需要在网络文化上体现出正能量，需要在网上注意自己的言论，传统文化和网络文化的优势互补是实现这一目标的有效途径。

3. 传承文化角度上的融合

文化本意是强调人与自然的关系，承载着传承物质生产、制度行为和精神心理等遗产的重任。传统文化和网络文化在这一点上都有责无旁贷的义务，都应当将传承中华优秀文化作为自身发展和更新的出发点和落脚点。在这个意义上，网络文化有传承传统文化的职能，传统文化有融网络文化为一体的趋向。

第二节　两种文化的语言特色

一、熟悉却陌生的传统文化语言

了解一种文化，可以从承载这种文化的用词来分析文化的特质。很多时候，文化的属性恰恰是由一个一个单一的词汇表现出来的。如果说，每个人无不生活在现存的传统文化氛围中，那么，能够贯穿人的始终的，只能是个人所使用的民族的语言文字。传统文化语言形式在高校中的体现当然是官方用语：汉语。汉语源远流长、博大精深，有语音、语形、语义和语法四方面的独特之处。汉语语音最明显的特征是单音节，也就是一个音一个字或者一个字一个音。同时，汉字每个字都有韵调，有“一、二、三、四”声，如“英雄好汉”，有规则而且声音响亮。因为一个音可以针对不同的字，所以在中国传统的诗词歌赋中，押韵的使用显得得心应手，很多诗人都可以写出四言、五言、七言韵诗，做到一韵到底。如李商隐的

《无题》：相见时难别亦难，东风无力百花残。春蚕到死丝方尽，蜡炬成灰泪始干。晓镜但愁云鬓改，夜吟应觉月光寒。蓬山此去无多路，青鸟殷勤为探看。汉语语形方面也独具特色。语形就是文字的外形，如国家图书馆甲骨文展厅展览的甲骨文就有其独特的外形和承载方式。汉字的结构是方块型、建筑型，象形的根源深厚，是天人合一、自然简化的形式。汉字的字形产生了中国特色的书法，隶书、楷书、行书、草书，搭配诗词的内容，一幅字就是一幅画，一幅字就是一种境界。“大雪满弓刀”“独钓寒江雪”“家事国事天下事事事关心”，字形是一个个特写镜头，空间感和画面感瞬间扑面而来，可以说，书法很多时候不仅仅是单纯的美感可以形容的，如王羲之的《兰亭序》字字千金，令人神往。汉语的第三个特点体现在语义方面，汉字可以一音多义，多义词、多音词势必造成表意的模糊，但同时又具有高度的概括性和综合性。汉语在语法方面的特征主要体现在词法和句法两方面。汉语文字没有性、数、格、时态、前后缀等，这就使正念和倒念都可以的“回文诗”成为可能。例如，广东高州市观山寺壁上刻有一回文诗：悠悠绿水傍林偎，日落观山四望回。幽林古寺孤明月，冷井寒泉碧映台。鸥飞满浦渔舟泛，鹤伴闲亭仙客来。游径踏花烟上走，流溪远棹一篷开。倒读诗如下：开篷一棹远溪流，走上烟花踏径游。来客仙亭闲伴鹤，泛舟渔浦满飞鸥。台映碧泉寒井冷，月明孤寺古林幽。回望四山观落日，偎林傍水绿悠悠。

汉语的熟悉是大学生多年家庭、学校和社会教育的结果，但是随着功利主义教育弊端的显现和网络文化的冲击，熟悉传统文化、体味汉语魅力的机会相对减少，会写书法的人少了，能够写出诗词歌赋的人更是凤毛麟角。简化又美化的汉字和书法开始变得愈加“简化”，“键盘化”书写模式使人们对汉字越来越陌生，提笔忘字成了网络时代的常态。

二、陌生却熟悉的网络文化语言

网络文化的语言就是一个个随着网络文化诞生的网络新词，说它“陌生”是因为它常常诞生或再生时间很短，有的出现于一年前，有的甚至只有一个月，说它“熟悉”是因为这些网络新词的传播速度和传播范围惊人。如“给力”一词，本为国内方言，因在动画配音时赋予了新的含义而在网络上得到了人们的热捧。从出现到全民熟知这样的过程浓缩到一年之内，随之各大报纸、新闻都出现了“给力”这一词汇。网络新词为什么有这样强的冲击力和传播力，相对传统汉语我们对网络新词可谓“陌生”得多，需要认真研究网络新词，从而对网络文化有一个深入而直观的了解，这样才能对传统文化和网络文化的冲突和融合做出科学的判断。

互联网诞生于20世纪80年代，短短几十年，正在改变人们的生存观念、生存状态和生存方式。网络语言已成为人类交往的一种新兴的媒体语言。它既是对传统语言的一种冲击和挑衅，又是对传统语言的补充和发展。网络语言及词汇的研究和规范已经迫在眉睫，而对于网络语言的研究目前尚不够深入和与时俱进，国内对于所谓“网络词语”“网络语言”的研究也还不够细致，同时对于网络语言、网络词语的规范问题也应该更加深入。

网络语言：广义上的网络语言指在网络环境中网络用户群体所使用的语言，包括书面语和口头语言。但后者是最具有特点，最容易和现实交际语言区别的，所以谈起网络语言都指网络口头语言。① 网络新词：是指人们首先在网络环境中创造并使用的词语。网络新词是在网络活动中丰富和发展起来的，网络的开放性、交互性、自由性和平等性的特点，也必然使网络语言具有大胆灵活、新颖另类、形象幽默的特点。大量新颖另类的网络新词的存在是网络语言同现实语言的最大不同。网络新词主要以书面形式存在，部分向纸质媒体和社会生活过渡。新词是旧词语的相对面，而“新”总是不断向“旧”转变。网络语言是社会语言学研究的对象，其中的词语是新词新语研究的对象。研究网络词语，不仅可以促进网上交流，

① 于根元．中国网络语言词典［M］．北京：中国经济出版社，2001：5.

推动网络的发展，而且对人们日常用语中词汇的发展也会起到借鉴作用。

（一）网络新词的特点

1. 含义丰富、生趣盎然

网络新词的发明者很注意用语的生动和寓意的丰富。或在就有的词语上附着新意，或生造一个词语，表情达意彰显形象生动、寓意丰富的特点。“88”字面意思只是两个数字，取谐音代替“拜拜”，简单容易传递，但含义没有减少，反而有一种生趣在其中。“斑竹”是“版主”的谐音，“斑竹”“版主”字面意义毫无联系，写成“斑竹”虽说是使用拼音输入法的偷懒之举，却使平实而缺乏生气的“版主”平添了一种浪漫意境。寓意丰富更是网络新词的一大特点。如“朱坚强”“俯卧撑”“打酱油”“囧”“槑”等。这些“雷词儿”往往一夜走红，瞬间遍布大大小小的中文网络论坛，也许第二天清晨，“雷词儿”就会成为社会中的时髦语。

2. 传播迅速、易读易记

按照词汇演变的历史规律来看，人们总是爱用简单易记或者生动的词汇，一般是用简洁的词汇取代冗长或拗口的词汇，这也就是语言中省时省力的经济原则①。比如九牛一毛，原为若九牛亡一毛。再如彩电，意为彩色电视机，当初很多语言学家反对彩电的提法，如今这个词已经成了通用词汇，可见习惯的力量。但“一直以来”不是从烦琐走向简约，反而是从简洁走向啰唆累赘，因而没有生命力，不必盲从，更不值得推广。网络交际主要以敲击键盘输入语言为主。为了加快互相传递信息的节奏，减少对话的延缓脱节，就必然会要求尽可能以较少的字符来表达意义，久而久之，大量网络新词都有了言简意明的特点。如 JJ、MM、GG、DD 分别是“姐姐”“妹妹”“哥哥”“弟弟”。在网络交际中还有一种比较常见的用语形式是数字谐音词，即用一串数字流来代替同音或音近的汉字表达含义。如 520——我爱你，88——拜拜。

---

① 陈晓浒．网络语言中的词语类型、特点及趋势［J］，南京晓庄学院学报，2001（3）：63.

3. 图文并茂、不拘一格

热衷于创造并使用网络新词的主流是青少年。他们的求异思维和寻求自由随意的目的，往往使得网络新词具有了不拘一格的甚至是意料之外的特点。还有的故意把原有的词语曲解成另外的含义。如“讨厌”是“讨人喜欢，百看不厌”，“偶像”是“呕吐的对象”等。当然，这里还存在着不可忽视的粗俗化的问题。在不影响沟通的前提下，网络交流中各种材料可以信手拈来，任意组合，显示出很大的随意性。汉英混杂，符号和字母混用，在网络语言中十分普遍，有的已经成为网民的惯用语，如“有事请call我”、三克油（thank you）、Z是“跪了”的意思等，可以说是不胜枚举。

具体分析，网络新词具有以下特性。

1. 大众性社会性

大众性是网络新词的基本特征，网络新词的使用都具有社会性的一面，因为其依存于社会，反映着社会，大众性是社会性在网络新词中的具体体现。大众是指社会或某一社会群体中的大多数人。网络新词的使用者人数众多，各地区、各阶层、各行业的人无不在使用丰富多彩的网络新词，不同年龄、不同性别的人每天都要接触和使用。网络新词的大众性从多个层面上反映了人文文化发展的方向，大众文化在本质上是一种以最广大人民群众的生存、享受、发展需要为出发点、归宿点和最高价值目标的人文文化形态。纵观其发生发展过程可以发现，大众文化自始至终都体现着一种人文本质和人文精神、蕴含着一种人文目标和昭示着人文价值理性。随着人类物质文明的不断进化和主体意识的日益觉醒，大众文化作为人民自己的文化在21世纪将更加鲜明地凸显其人文本质、人文理性和人文精神。体现和反映21世纪中国大众文化发展方向的基本内容和要求就是：人类精神文化的发展必须贴近大众文化生活、满足大众文化需要、尊重大众文化权利、反映大众文化理想和提升大众文化人格。网络新词的大众性很好地诠释了大众文化的特点。社会性是生物作为集体活动的个体，或作为社会的一员而活动时所表现出的有利于集体和社会发展的特性。是人的不能脱离社会而孤立生存的属性。人们已经注意到，社会中老一代人所使用的语言与年轻一代所使用的语言在某些方面存在差异，这一点在网络语言上体现得尤其突出。某些语言特征在一代人的言语中出现的频率要比另一代人中的更高，最显著的差异是在词汇层。跨三代人的时间段的词汇变化要比跨两代的变化显著。例如，一位年长者在谈论“三大件”和“彩色电视”的时候，他的后辈则在讨论“液晶”“数码”的问题了。造成这种区别的原因很复杂。根本的原因是社会在变化，它造成了两代人在社会观、价值判断等方面的不同。一般而言，老年人在言语习惯上倾向于比年轻人更为保守，觉得用旧词更自在，而且不太愿意在其词汇中融入新词。网络词汇的社会性在丰富人们修辞的层面占有重要的地位，不能想象如果没有“网络”这个词根，有多少新的事物无法简练鲜明地被人们所认识和进行信息传递。

2. 全球化包容性

网络语言是随着现代社会互联网的发展而产生的，是网民用来表达他们网络情感和生活的语言。网络的发展，推动了网络语言的发展。网络由于它特殊的载体和它的现实虚拟性，使得网络用语从一开始就呈现出一般语言所少有的多样性和多元性。人们在这个虚拟世界中，除了使用那些规范的词语以外，还创造了许多只有经常上网的人才能理解的词语。即使在现实生活里，特别是青少年的谈话中，也经常能听到时髦新奇的网络词汇。例如，BBS上“灌水”这一类的词语有很多，包括“沙发”“潜水”“水军”，有的是用词的引申义，有的是旧词新意。英文与中文混搭，词汇的各种词义、各种用法形成了一个多兵种协同作战的立体模式，全球化和包容性尽显其中。

3. 周期短变化多

诚然语言有其保守、稳定的一面，但语言更有开放、活跃、动态的一面。语言是文化的一部分，也是一种社会现象，词汇是其中最敏感、最活跃的因素，它反映着社会发展的最新方面，并伴随着社会发展的始终。作为时代发展的产物，网络新词其本身就是社会动态发展的结果，同时，伴随而生的那种与生俱来的动态性更是特别的鲜明，往往随着政治、经济、文化和生活中发生的事件，网络词汇也在不断地更新和出现。网络语言的不稳定性根源在于网络媒介的高速发展。由于网络传播的特殊性，网民创造的、适应网络传播特点的一些词汇在短时间里产生并长期使用下去，同时也有一些词汇在短时间里衰减。一些网络词汇从产生到衰减的周期比日常词汇要短许多。网络语言具有不稳定性，且同一意义常有多种书写形式。“再见”可以用 88、886、3166 等。大量近义词迅速产生，这些网络词汇的不断产生不断消失，在动态的认证中，有的保留了下来，有的生命却极短。

（二）网络新词的语法变异

1. 网络新词变异的原因

语言的变异概括为历时空间的，语言群体的和语言接触所引起的变异。除历时和空间外语言群体发生的变异有阶级的、阶层的、行业的、性别的乃至个人的，这样就产生了行话、黑话、暗语。而在信息时代，比之过去任何一个时代都显得交际频繁，语言在社会中的作用和地位，语言的多方面接触都达到前所未有的程度。网络语言的产生也就是理所当然的事情了。在语言的变异中，词汇的变异是最直接，也是速度最快的，它与生产的发展、文化的变迁有着密切的关系。随着生产发展和文化的变迁，语音和文字也会渐渐发生变化。但是因为词汇与语音，文字发展的速度不一致，有时候还会产生矛盾。

网络新词变异主要表现在五方面：①大量网络新词在短时间内产生、消亡、演变。②网络新词独特的构词模式巩固了网络这一“第四媒体”的地位，并形成了“网络方言”。③外来词大规模引入，使网络新词中的“双语现象”日渐凸显。④良莠不齐的变异形式比以往任何时候、任何领域都要丰富。⑤全球性、兼容性体现着网络新词变异的大背景。

2. 网络新词变异的种类

（1）中外结合。如当下来，是下载 download 前一半的英语发音。有事 e 我，幸福 ing 等。由于英语已经成为大多数网络爱好者所熟知的语言，即使是小学生也会一些简单的英语，因此，中英混用已经成为网络语言中的一种时尚。比如，你真 cool。

（2）活用字母。如 call meeeeeeee. 重叠结构的出现，表达了急切希望联系的想法。例如，想一下下。是想一下的强调重读形式。

（3）衍生词汇。构成网络新词语的语素大多是汉语中固有的，但是构词的生成规则绝大多数并不符合汉语的构词法规律，缺少理据性，新的生成规则的递归性也很差，虽然也有利用仿拟、飞白、比喻、谐音、拟人等修辞手法构成新词的，但是构词法上随意组合和任意搭配不讲理据的很常见，如“毒霸”“词霸”。

（三）网络新词的分类

体系上对网络新词的分类如下。

1. 网络相关的专业词汇或者专业术语

专业术语是网络先天固有的，是描述网络的概念性的东西，是营造网络语言所依托的客观技术背景的最基本要素，和其他领域的专门性用语具有同等地位。例如，磁盘、鼠标、软件、硬件、调制解调器、链接、浏览、攒机、登录、病毒、防火墙等。

2. 使用网络产生的衍生词汇

一部分是为了上网方便用户自己创造的，如“触网”（接触网络）仿“触电”（接触电影电视而来），“闯关族”（玩电子游戏的人）仿“追星族”而来，还有网民、黑客、红客；另一部分是从其他领域借过来的，如网吧、网上当铺、电子名片、网络公寓等。

3. 网络与生活结合产生的词汇

这主要是网上聊天室中经常使用到的一些词语，是网络词汇中最鲜活、最富有创造性的一部分，也是网络新词中“新”的核心体现。这些日常用语主要包括：缩略语，如 CEO（首席行政长官）；谐音，如“斑竹”是版主的谐音形式，“潜水”是贴吧或者网络群体中只看信息而不发表看法和意见的群体。

4. 图形符号

网络词语的义符化倾向弥补了汉字表达上的不足，增加了网络语言的形象性和视觉冲击力，如（:)）表示微笑，(:(）表示难过等。

（四）网络新词、网络语言规范方面的几种观点

1. 对网络语言持批评观点

许多不赞同者公开抨击网络新词信口雌黄、胡编乱造，严重污染了汉语语言的纯洁与健康，影响了沟通。有些爱护汉语心切的学者甚至于把网络新词中的英语字母词看作可怕的“外来入侵物种”，发出了封杀网络语言、清除汉语中英语字母词的呼声①。

2. 对网络语言持包容和尊重的态度

复旦大学顾晓鸣认为：网语是一种可以体现现代人生存和思维状态的新语言，它的出现在语言史上有划时代的意义。② 这类观点对网络新词的产生和使用持支持态度，他们认为，网络语言、网络新词的产生与其说是迎合新一代的需要，倒不如说是语言发展的必然，是语言的与时俱进的表现。活泼而又怪诞、幽默而又富有哲理的网络新词已经广泛地运用在现实生活中，渗透一些青少年的生活中。“青山遮不住，毕竟东流去。”网络新词靠封杀是禁止不住的，它能够在青少年网民当中风靡，就说明它有着强大的生命力，这是语言发展的必然。

3. 网络语言焦点是否有生命力

“语言是发展性很强的东西，不宜太强调规范。网语不仅代表了高效率，更充满着一种求新求变、不断突破陈规的潮流感。”③ 这类观点关注

---

① 王志涛，王立家．网络语言与多元文化生态［J］．山东理工大学学报，2005（07）：77.

② 俞可音．话语关联的语用效度［J］．华南师范大学学报（社科版），2002（06）：92.

③ 赵玉英．网络语言与语言的经济性［J］．外语电化教学，2003（07）：16.

的是网络语言能不能存在，而不是网络语言的内容。如果仅仅以是否有生命力来衡量一种语言，或者来界定一种语言是否需要规范，这显然是不科学、不理性的。这种无视规范的重要性，仅凭单纯地相信存在即合理的理念是一种对语言浅显的理解，也是对社会文化不负责任的表现。

4. 折中观点。北京广播学院语言传播研究所所长于根元教授认为：首先应制定网络新词新语规范的基本原则，研究哪些词语是好的，哪些是不好的。①

对待网络新词的规范原则：网络新词作为新生词语，其出现本身就是对语言原有规范的冲击。新生词有新生的和生造的，但前者是语言变异的积极性产物，而后者却是语言变异的消极性产物，它令人费解，给语言带来混乱，造成交际的困难，是属于规范的对象。越是新词语高发期，生造词越容易鱼目混珠。因此，在新词语旺盛的新时期，特别需要对词语进行规范。从社会发展的角度，结合网络新词的特点，其规范应该遵循以下原则。

1. 无罪推定原则

无罪推定原则是现代西方法学术语，指在刑事诉讼中被告未经法院终审判决确定其有罪以前，应该暂时推定为无罪。② 优点是强化评论过程，避免简单化，它不会扼杀语言现象。网络新词就像个新生儿，它来到这个世界仅仅几十年的时间，可以说从它诞生之初，批评指责的言论就从未中断。作为语言学中正常的现象，网络新词中出现消极性的变异也是很正常的，但仅仅因为网络新词产生的环境和人群就不被人认同，这样的观点显然是不科学的。对网络新词进行规范时，不妨将无罪推定的原则放在第一位。历史上任何一种语言和与它相应配套的词汇都是经历了长期的、历史的检验而形成和发展的。网络新词作为网络语言的构成才刚刚起步，其各方面的规则和模式还不成熟并有待完善，如果仅仅因为网络新词消极的一

---

① 于根元. 中国网络语言词典［M］. 北京：中国经济出版社，2001：33.

② 戴昭铭. 规范语言学探索［M］. 上海：上海三联书店，1998：26.

面就对其全盘否定，不仅不现实，同时不利于网络这一媒体、媒介的正常发展。既然网络新词还有很长的路要走，不妨在它发展的初期，从科学的、理性的角度出发，用无罪推定的原则给它多一点的空间。

2. 约定俗成原则

语言并不是纯理性的产物，并不是数学公式，其正确性不在于无懈可击，而在于大家都这么用。萨丕尔曾说：假如有一种完全合乎语法的语言的话，它就是一部完善地表达概念的机器。不幸，也许是大幸，没有一种语言是这样霸道地强求内部一致，所有的语法都有漏洞。① 约定俗成是语言运用基本的首要的原则。必须选用为广大群众所接受、在社会上较为通行的那些新词新语。要把符合词汇规范化和群众语言习惯的新词新语，跟由于临时表达的需要而使用的随机词、随意拼凑而形成的生造词区别开来，保持祖国语言的纯洁健康。例如，体惦（体贴惦记）、剽袭（剽窃抄袭）、泼脱（泼辣洒脱）、愈更（愈益更加）、喧沸（喧嚣沸腾）等，作者可能为了一时节省用字，但这类生硬拼凑的词语让人感到别扭，难以接受，不如使用原来的说法平实自然、明白妥帖。

3. 效率性原则和动态性原则

社会生活的节奏越是加快，越是要讲究效率。越是信息化社会，越是要讲究信息传递的效率。信息传递的第一个要求是准确无误，第二个要求是省时省力，合起来可以称为效率原则。对于语言来说，最理想的效果是在保证准确的前提下，用最经济的手段达到交际的目的。市场经济的时代，万事要讲究经济效益、时间效益，改革开放以来，人们的效益观念也日益增强，人们的交际容量陡增，作为语言建筑材料的词汇也就必须要求其具有载体小、内涵大的特点。这样，反映在语言上，也就产生了大量的缩略语。缩略语产生的规律是：越是使用范围广、频率高、固定性强的词组越容易产生缩略语。如缩略合成产生的网络新词“数据库、电信业务、

① 萨丕尔．语言论［M］．北京：商务印书馆，1964：54.

电子商务、网上音乐节目、网游、网恋、网聊”等，再如为了易读、易记、易识别，很多冗长的复合词以缩略形式出现。语言作为人类最重要的交际工具，其目的就是要使发出的语言信息让受方牢牢地记住，以形象性来促使受方加深印象是常见的方法。因此，尽管已经有了表达某一事物或概念的词，新造词似乎是与之等义的，但是只要新造词在形象上胜过了原有的词，这个新词就会有旺盛的生命力。如汶川地震发生时出现的不顾别人只顾个人安危的现象，如果放在以往，这类现象往往冠之以“缺德”“没良心”，而因为网络炒作而诞生的“范跑跑”一词却成了这类现象最好的代名词，甚至事后还出现了“范跑跑”现象的研究和行为学方面的探讨。这类词之所以能在社会上流行，就是因为它们能使受方加深印象，从而提高语言交际的效率。当然，并不是所有的缩略词都能产生好的形象，并给受方以深刻的印象，有些缩略词影响关键内容的理解。如“PP”可以理解为“片片（照片）”也同时可以理解为“票票（钞票）”“婆婆”“瞟瞟（看看）”，这类词语虽然有时能够根据具体语境做出判断，但不符合效率性原则，应当少用或者不用。

网络词汇大量涌现使汉语产生“变异”，甚至有人说这是在挑战汉语的纯洁性，不可否认，这是对固有规范的冲击。语言总是要随着社会生活的变化而变化，世界上从来就没有静止不变的语言。正如陈原先生所言：“变异是普遍存在的一种现象，可以说，没有变异就没有语言的发展”。①在任何社会中，任何情况下，语言的规范又总是需要的，可人们的语言实践是在发展变化的，规范标准也应该是动态的，不应是永恒地静止不变的，规范应当顺应语言的发展去进行。如果用静止的框框去套不断发展的语言，用一种思维定式、操作定式去规范语言，会促成语言运用上更多的重复、模仿、挪用，有碍语言的创新与改造，语言会变成一种僵化的没有活性的语言。诚然，语言有保守、稳定的一面，但更有开放、活跃的一

① 刘慧，欧阳春宜．浅谈网络语言表意形式的多样化［J］．赣南师范学院学报，2004（11）：94.

面。语言是文化的一部分，也是一种社会现象，词汇是其中最敏感、最活跃的因素，它反映着社会发展的最新方面，网络词汇尤其如此，伴随社会发展的始终。因此，在对网络词汇进行规范时，必须考虑语言在使用中引起的新变化。有些词开始可能是不规范的，但大家都跟着用，用的人多了，地区广了，时间长了，形成了市场，也就成了新的规范了。

4. 必要性原则

凡是在社会生活中出现的新的东西，不论是新制度、新体制、新措施、新思潮、新物质、新观念、新工具、新动作，这些新的东西千方百计要在语言中表现出来，否则，就会在社会生活中引起交际的空白。改革的年代，新事物、新概念大量涌现，造成严重的名实矛盾，即王希杰先生提到的“有实无名、有名无实、名实不符、名实不和”的矛盾，有实无名的矛盾尤其突出。而填补空白的新词恰好能解有名无实之矛盾，已是属于“绝对必要的”之列。例如，“网络、注册、电子邮箱、电子商务、网络银行、网络账户”，原来的汉语社会中没有这样的事物，自然就没有表示它们的词语。而现代的汉语社会中产生了这样的新事物，自然就必须构造出这样的新词语来。随着自然科学、社会科学对社会生活的渗透，随着网络对人们生活方方面面影响的深入，人们思维能力的提高，思维领域的扩大化、精微化，一些科学术语如“博客、网络商城、网络新闻发布会、网络音乐工作室”等，产生了社会化的作用，这些科学术语作为社会化使用时，它们所表示的概念，在人们原来的印象中，或者是没有的，或考是虚无缥缈的，因为那时候可能没有表达这些概念的词语，而现在产生了这些词语，而且还必须产生，否则，在表达这些精细、新颖的概念上就会出现空白。如“下载 downloading”指的是把程序或数据由一台远方的计算机传送过来并装入与之连接的，如工作站、个人计算机等设备的存储器中的过程。在因特网上特指从其公告板服务中获取信息并转入个人计算机中的过程。如果用旧有的词汇来形容这样一个过程是不可想象的，而简简单单一个“下载”就涵盖了这样的内容，可见必要性的原则十分重要。

网络新词规范化的个人看法：对待网络词语不能“一棒打死”，既要允许创新，又要应用辩证的方法分析，一定要考虑到网络词语独特的分类、独特的交际方式、独特的语境，分门别类地加以规范。这样才能既保留其中有创新精神的鲜活的语词，又能对那些滥用的词语进行限制。2000年10月31日第九届全国人民代表大会常务委员会第十八次会议通过并颁布了《中华人民共和国国家通用语言文字法》，并自2001年1月1日起施行。这是以法律形式对使用规范的汉语言文字的最好支持，是正本清源的极好机会。该法确立了普通话和规范汉字作为国家通用语言文字的法律地位，确定了普通话和规范汉字使用范围，表明我国语言文字规范化、标准化工作开始走上法制化的轨道。该法第十一条规定，汉语文出版物应当符合国家通用语言文字的规范和标准；第十四条规定，广播、电影、电视用语用字应当以国家通用语言文字为基本的用语用字。有了法律法规，能够从政策方面建立框架，规范网络新词，乃至其他词汇就有了可以依据的基础。当然仅仅依靠法律法规的宏观约束还是不够的，下面分四方面对网络新词的规范进行分析。

1. 对网络词语要允许创新、引入和借鉴

语言是一种文化，一个民族要有文化前途，靠的是创新。从这个意义上说，新词语用过了些并不可怕，如果语言僵化，词汇贫乏，那才真正可悲！既然这样，对待网络词语，我们也应该像对待一般的新词新语一样，不急着对它进行这样那样的规范，更不应该敌视，毕竟网络兴起的时间还很短，随着时间的推移，符合语言规范的词语会留下来，成为经典语言，而那些不符合规范的，则会在“约定俗成”中自然而然地淘汰掉。对于一些体现网民聪明才智、有创造性、网友之间都能心领神会的特色语言，不但不应禁止，还要鼓励其发展。只有这样，才能够推动汉语网络用语的发展，以此形成一个良好的、符合网络社区特定规律的语言环境。引入和借鉴外来的或者方言的语言，长久以来一直是争论的焦点，有人认为应当努力保持汉语言的纯洁，防止外来语言的侵袭，避免语言的同化。这种论点看似有理，实际不太现实，很难实行。世界上各民族的语言都是在交流中获得发展，获得新生。语言没有交流，就没有发展，就会丧失活力。除非是僻居一隅的民族，不与任何外人交往，他们的方言才能保持所谓纯洁性。作为拥有十数亿使用者的汉语，不变是不可能的。必须采取开放发展的语言交流方式，才能适应当今世界多元文化的需求。但交流中应当获取的是优秀的符合本民族语言规律的外来词，不能引进不合语法规则的不规范的词汇，这是一个应当掌握的大原则，不能混淆。

规范不等于纯洁，语言纯洁是理想化的，社会的多样化使语言同样不可能是纯而又纯的，规范是把负面影响限定在一定范围内，而不是阻止语言的发展演变和摒弃一些奇奇怪怪的语言现象。规范也不是保证出现的新词新语新说法人人都懂得。网络新词如何才能规范，除了法律法规的大方向，当然还应有一定之规。从语言系统看，基本词汇是词汇的核心，新词新语以及外来词语、专业术语都属于一般词汇，是比较活跃的，但它们只要符合以下几个要求，就可以进入常用或基本词汇库：①它确实是必需的，无法用旧词代替。②它的构造属于语言规范和社会习惯。③它能准确表达各种新思想和概念。④它容易上口，能很快被人接受。遵循这一原则有关计算机的一些专门用语能够在极短的时间里就迅速地进入社会生活，成为人们日常使用频率很高的词汇。①

2. 对网络词语要分层规范

一种语体的语言在交际中的使用程度是衡量该语体语言是否规范的唯一标准。交际类型不同，对不同语体的规范要求也不同。网络交际与传统交际最突出的差别在于：①网络突破了时空限制。②交际达到了前所未有的规模、广度和深度。③交际主体的隐蔽性。鉴于网络这种独特的交际方式，我们不能从已有的规范中去寻找对新语言、新词语规范的标准。因为旧规范无视语言创新的必要，其方法论的基础是向后看的原则，所以它对

① 陈原．陈原语言学论著［M］．沈阳：辽宁教育出版社，1998：31．

确立创新形式的地位和促进语言由旧规范向新规范过渡等方面都是极为有害的。

作为与传统交际有着巨大差别的网络交际，其规范也应从其本身的特点出发。网络新词就其体系上分类包含了：与网络有关的专业术语、与网络服务和网络使用有关的特别用语、涵盖网络日常活动的用语和情意符号四类。具体分类时分为四大类，几十个小类。可以说网络新词涵盖丰富，门类齐全。类别多，同时每一类都有其特色，比如网络新词中的专业术语，多数是随着网络这一新兴事物而产生的，产生的方式和途径也比较多，其中主要途径是翻译产生。而与网络服务和网络使用有关的特别用语，则是随着网络的铺设与服务、网络使用的需要而产生的，很多不是翻译产生。那么，这两类网络新词在规范上必然要加以区别对待。针对翻译，首要的要求就是定性化，同样翻译而来的同一事物却有着不同的名字和称呼，这显然是不合理的，更是影响交际的效率性原则。而在网络使用和网络服务方面，因其是按汉语构词方式构成，所以不能泛化和滥化。可见，针对网络新词实行分层、分类规范，不仅是规范本身细致的要求，更是结合网络新词特点和特色而得出的必然结果。

（五）各类网络新词的相应规范

1. 与网络有关的专业术语

专业术语是指各门学科中的专门用语。术语可以是词，也可以是词组，用来正确标记生产技术、科学、艺术、社会生活等各个专门领域中的事物、现象、特性、关系和过程，术语是科学文化发展的产物。新事物新概念不断涌现，人们在自己的语言中利用各种手段创制适当的词语来标记它们，这是术语的最初来源。术语工作的现代化电子计算机的推广应用给术语工作带来了新的面貌。许多国家建立了术语数据库，并提供咨询服务。翻译工作者借助术语数据库的作用可以提高翻译速度和翻译质量，促进术语的统一。可见除了要建立完善的专业术语规章规则，还要建立有一定规模的专业术语数据库，通过对数据库资料的借鉴和学习，提高中国网络专业术语的质量。就现有的网络专业术语而言，其中已经进入基本词汇的不需要再规范，对其余的外语词应规范翻译。例如，internet 就有互联网、因特网、英特网等多种翻译并存，因此翻译的定性化是当务之急。

2. 对于与网络服务和网络使用有关的特别用语

网络服务用语和网络使用有关的特别用语包含范围广、层次多，对其规范的难度比较大。这类词语具有群体性、区域性的特点。即在一个领域的词语产生相对集中，抓住这一特点对其进行规范是解决这一问题的关键。例如，2008 年 3 月，中国正式启动游戏领域的标准化工作，负责这一工作的全国信息技术标准化委员会，已在网站上公布了《游戏标准体系研究建设》项目的十多项标准名称。① 据信息技术标准化委员会称，这一标准的出台，是基于网络软件的开发显得无序和杂乱；进口游戏产品缺乏有效的技术指标体系；以及考虑到需要符合网游行业运营特点的标准来规范和衡量运营中的网络游戏并进行监控和分析等原因。此次标准化、规范化的工作包括：网络游戏安全规范、网络游戏测试规范、网络游戏监管规范、网络游戏软件开发技术规范、网络游戏外挂防治技术规范、信息技术游戏软件术语、游戏测试规范、游戏软件多媒体技术要求、游戏设备接口规范、游戏设备通用要求、游戏设备外围产品规范等项目。可以说，有了规章制度的支持，加上领域本身的规范化诉求，这类网络新词的规范化工作会开展得很顺利。同时因其是按汉语构词方式构成的，所以这类词语应严格遵循构词原则并应有构词的必要，不能泛化、滥化。

3. 对于情意符号和网络日常活动用词汇的规范途径

（1）自行规范。可以设想，随着带宽光缆的铺设，传输速度的提高，在将来网民可以基本上放开键盘和鼠标，直接面对数字摄像机和数字话筒聊天，日常交际语言自然又会处于主导地位，现在网络中的诸多用法如缩写、情意符号、数字符号、一部分谐音将会显得多余而被淘汰。

① 郜琳琳．浅谈网络英语构词特点［J］．韶关学院学报，2008（05）：91．

（2）政策规范。主要是国家有关部门和各个网站制定相应的管理措施，规范引导网络语言的发展，倡导正确的语言使用观。

（3）自律才是规范的主要手段。避免网上、网下双重人格，提高自我的道德约束意识，规范地使用网络语言。

4. 对待外来词的规范。

外来词在网络新词中占到了相当大的比例，而且还在不断上升。外来词也是一种文化的载体，在社会生活和语言交际中不少词语也同样来源于外来词，甚至有时候还非得有外来词不可。语言像文化一样，很少是自给自足的。交际的需要使说一种语言的人和说邻近语言的或文化上占优势的语言的人发生直接或者间接的接触。语言很少能保持自然经济那种自给自足的状态。即使是自然经济形态的封建社会，语言之间的接触也经常发生，并不断地引进外来词。一个不吸收、不包容的社会是一个保守、封闭、停滞不前的社会，同样，如果作为信息系统的某一种语言绝对不同外界接触，要保持其绝对的纯洁，就得把它封闭起来，那就意味着语言的交际作用越来越小，市场占有率越来越低。在当今开放的世界上，它将逐渐变得孤立而失去其存在的价值，它会日益僵化进而走向死亡。一种语言要保持其活性，使之具有强大的生命力，就必须与其他语言相接触，不会由于一些外来词的渗入而被取而代之，相反，它会通过不断对“异族”的吸收与融合而使自己的生命力更加旺盛。众所周知，英语是最不纯洁的语言，因为它大量地借用了外来词，但它却是世界上使用最广泛的语言。应该说一种语言的包容性越强，越发达，表达方式越丰富，越具有魅力，其生命力越强。由于国际社会政治经济的迅猛发展使得当今国际社会的接触比过去任何时代都要频繁，航空事业和电子通信技术的突飞猛进使当今交际的技术条件比过去任何时代都更便利，语言与语言之间的接触比人类历史任何时期都更经常更必要，外来词也正以史无前例的规模涌入。社会在变动，时代在前进，中国在政治、经济、文化以及各个领域已经正在和逐步在与国际接轨，我国的教育文化水平也在不断提高，外来词以及一些半中半洋的词还会不断地出现新高。而且现代的国际社会使语言的接触意义远远超出了借词的范畴，外来词不仅是一种信息的载体，交际的工具，更是一种文化的符号，所以，外来词的引用不仅能丰富语言的表达方式，而且能丰富自己的传统文化。吸收外来词、借用外来词既有利于语言的发展，又有利于文化的繁荣。所以，应以宽容的态度对待外来词，使之在我们本族词汇的大家庭中融合、协调地生存。

在汉语中，使用英文缩写词由来已久，改革开放以来，引进了很多高科技的东西，由于它们进来的速度快，来不及进行完整的汉化处理，所以，在汉语中出现了像 IT、WTO、MTV、VCD 等英文速写词和像 AA 制、B 超、BP 机、卡拉 OK 等半中半洋的词。网络新词中包含的外来词更是不胜枚举，这都是改革开放的产物，是与外界的交流合作不断发展的标志。我们现在面临的世界是必须相互交流才能发展的世界。善于吸收外来的新词语，恰恰是我们汉语具有生机的表现，也是我们民族兴旺发达的标志。

第三节　高校内传统文化与网络文化交织下的新形势

高校是网络文化和传统文化冲突和融合最激烈的地方之一，高校大学生有学校之外传统文化的耳濡目染，又有课堂上的课程教学，对传统文化非常熟悉。大学生们了解很多唐诗宋词、人文地理、建筑水利等方方面面的物质文化遗产，有的甚至在大学里面专门研究传统文化方面的内容。进入大学脱离开题山卷海之后，大学生们首先接触到了网络文化，如微博、微信、网络文学、网络阅读、网络新词等，新颖的用词、新鲜的交流方式和虚拟的自由感深深地吸引着他们。从网络文化里面大学生们首次接触到了大量不一样的声音，其中就有对之前受到的传统文化教育不一样的说法，类似民族虚无主义和自由主义的言论在网络上比比皆是，有的言论甚至属于偏激、捏造和信口开河。这些都不影响大学生们对网络文化的热爱，越来越多的大学生和毕业后的大学生开始拥有网络思维，遇到问题第一件事不是问老师、问同学，而是在网络上寻找答案。高校里面，网络文化和传统文化交织下产生了新的教育形势，以下简称为新形势，其主要特点如下。

1. 所有的传统教育方式都有了网络教育的部分

传统的课堂搬到了网上，有了慕课、网络授课、网上选课等形式；传统的评教有了网络评教，有的地方甚至已经取代了传统评教模式；传统的德育有了网络德育的阵地，如辅导员博客、青年之声平台、中国大学生在线等；传统的考试有了网考的模式，学生们在网上提交作业和考试答卷；传统的阅卷有了答题纸，有了网上录入成绩和试卷分析；学生们去图书馆能够非常熟练地使用电子阅览室，借阅图书、买水买饭都有了一卡通。传统的教育模式如果没有网络的部分甚至有了缺点什么的感觉，网络文化提升了高校教育的效率和空间。

2. 网络文化让传统校园开放化

网络文化让大学生们的眼光看到了校园之外甚至国门之外，信息的流通速度和流通范围惊人。学生们可以在餐厅一边吃饭一边看美国篮球直播，可以在网上发表自己对英国脱欧的想法，可以第一时间了解到中国人莫言得到了诺贝尔文学奖。学校和老师有什么样的教育内容都可以第一时间传达到每一名同学，如果需要可以在五分钟内把一两百家企业的招聘信息发给所有的在校毕业生，可以把放假通知在一个群发中就告知全校每一名学生，这在过去是不可想象的。但是，信息迅捷的同时也造成了信息的不易筛选和发布信息的不易控制。真实发生的事情如果不了解前因背景都有可能曲解，更不要说有的信息本身就是虚假的，网络时代的大学生在真假变化的信息和文化中畅游，增加了高校教育的难度，是对传统教育模式的挑战。

3. 新的教育空间不断拓展

随着互联网的发展，虚拟空间不断拓展，年轻人每占领一块虚拟空间，教育就不能失位。对于教育，尤其是教育的实施者而言，这是项艰巨的任务。既要和大学生一样与时俱进，走在时代的最前沿，又要想办法把传统的教育重装上阵，保证效率的同时兼顾质量，压力和责任愈显沉重。

网络文化与传统文化交织产生的新形势发展趋势分析：一是网络文化的主旋律将是传统文化传承及创新。社会主义核心价值观是在传统文化的基础上，结合马克思主义，结合现阶段国情产生的。红色文化是在传统文化基础上，结合中国革命实践形成的。五千年的文明史，不同的地域文化哺育了一代又一代中国人，客家文化、三峡文化、岭南文化等，传统文化的生命力需要用创新的方式唤醒。传统文化基础上发展而来的理念和文化需要成为网络阵地的主旋律，庸俗化和快餐化不会成为网络文化永久的属性，网络文化也不能只成为满足人们低级趣味的工具，用社会主义核心价值观、荣辱观引领的高尚、正能量网络文化才是真正的良性发展模式。二是网络文化必将成为传统文化又一次融合、摒弃的筛选过程。网络文化强调个性和“自我”，对尊卑情结严重的森严社会秩序有天然的对抗性，与社会主义核心价值观中的“自由、平等”有内在相通性，传统文化中这一类严苛的清规戒律很难在网络文化中传承下去。农耕经济和大陆型环境造就的保守封闭因子同样不受网络文化的欢迎，全球化背景下诞生的网络文化天然具有动态性，信息的传播和链接方式开放、兼容、具有活力，封闭而保守的理念显得与网络文化格格不入。科技属性的网络文化同时扬弃了传统文化中重农思想的各种变体，重视科技、重视变革和创新将成为传统文化的新常态。三是网络信息监管和管理将会更加规范有力。网络文化与信息的监控与分析是一项繁复艰巨的任务，随着大数据技术的进步，网络引导和导向工作将更加规范有序，政策、组织和法律的保障体系将更加完备，管理队伍、舆论引导队伍、技术研发队伍将不断壮大，网络文化的科学化管理水平将不断提高。

高校德育管理和学生工作在网络文化的影响下变得节奏越来越快，很多时候在制度设计上需要考虑到网络文化的影响因子。网络文化让我们看到了更广阔和更远的世界，应以什么样的态度和方法论面对这样的世界，这是个不得不提升理念的问题。可以从学生工作的基础制度和应用制度来看看这个问题。网上看“罗辑思维”这档节目，里面提到了基础制度和应用制度。应用制度好比360、迅雷，基础制度好比windows。基础制度决定了应用制度的走向，映射着人们的道德水平。基础制度里面有一个重要的信息制度或者说是信用制度，如财产公开、公民信息等问题都是这里面的内容。节目最后讲，得到多少自由，就要付出多少隐私。那么我们学生工作的基础制度和应用制度是什么？应用制度显而易见，是思想方面的教育、管理方面的服务、学风方面的引领、资助方面的扶持、心理方面的疏导和自身的进步等。那么基础制度呢？《资本论》里面马克思讲了许多，认为未来的发展趋势不是精细化分工等，体现了人对个人自由发展的需要。我想基础制度实际是人深层次需要的体现。心理学上说，人的需要有五种，生理、安全、归属、爱和尊重。可见基础制度是这些需要的体现。当然就像事情往往有两面一样，信息制度的实行也出现了政府和公众间的矛盾，一个想汇总又怕公开时麻烦，一个不想被别人看又想着看别人。我们身边的基础制度也在这样的拉锯中酝酿而生，至于这些基础制度的效果如何，带来的生理、安全、归属、爱和尊重的体验和感觉又如何，只能是冷暖自知。就像那个节目中最后讲的，得到多少，就要付出多少。我们想要发出自己的声音，就要站在一个高点的平台，爬的过程是不是因为撅着屁股而羞涩那只能是个人体验。有时会纠结于日常工作，现在想来这些纠结都是无用功，基础制度的形成和产生具有一定的必然性，偶然性的因素也并非像“醉汉喝酒”理论中讲的一定会是好事，醉汉会摔进水沟里，也能掉进井盖失踪的井里被冲走。而基础制度的形成也不是在一时一地形成的，更不是一个人或者一个部门形成的，基础制度之所以成为基础制度，就像烧杯里面的化学反应，我们身边的基础制度只是大制度里面的一滴水滴。写这些用意其实简单，请把目光也适当审视一下基础制度，别在那儿和应用制度不停地较劲。有些东西不一定非要经过市场经济才能被大浪淘沙，就像一台电脑也不需要那么多杀毒软件，哪怕这个杀毒软件不那么全面和好用，装上 10 款杀毒软件，该怎么样还怎么样，可是电脑还能运行吗？何况是人。好的应用制度确实很多、很好，我们什么都想要，看看这个感觉好就拿过来，看看那个感觉好也拿过来，放在手里就不想放下，身上的担子越来越重，因为拿过来就感觉舍不得放弃，头脑只管着决定，反正拿着的是手。怎么不想想那些好东西是多少年经验和磨砺的产物，如果不与自己的实际情况结合，不仅无益反而有害的可能性很大。执行的手接过来这个接过来那个，什么都是掌握个皮毛，深不下去更谈不上与自己相融合，不是自己身上的东西多一点都是负担，头脑和眼睛还天天关注着，这样的学生工作模式还能进行多久？那双手还能拿多久？

第二章

新形势下的应用型高校德育

第一节　传统文化与应用型高校德育

文化自觉和文化自信是一个民族存在的坚实根基，古为今用、知行合一是文化传承的途径所在，中华优秀传统文化是每一个中华民族一分子的精神依附和情感源泉，能够凝聚共同文化因子的人，让他们心在一起，行动充满历史正向能量。高校德育是中华优秀传统文化系统传承的最重要一环，应用型大学是我国高校的重要组成部分，有其鲜明的育人特色和社会职能，不宜在所有高校中采用统一的文化传承模式，依据应用型大学本身的特色，做好德育对传统文化的创新传承意义深远。

一、中华优秀传统文化与高校德育的价值关系

1. 中华优秀传统文化对高校德育的价值考量

首先，高校德育创新传承中华优秀传统文化是文化自觉的重要路径。从党的十七届六中全会到党的十八大，“高度的文化自觉和文化自信”从“培养”变成了“树立”，一个词的变化体现了理念的提升和重视程度的提升。① 文化自觉这一概念是社会学家费孝通提出的，文化自觉是指我国

① 杨善江，陈光曙．大学生社会主义核心价值观培育的理论与路径［J］．教育探索，2014（04）：102.

传统文化由传统到现代，实现辩证的认知、规律的把握和传承的建设。德育是文化的传承更是民族文化的传承，同时德育又对文化具有超越性，这一超越体现在文化融合传播的过程中，糅合派别、时空等因素，使古代的变成当下的，传统的变成现代的，传统文化融合于德育之中是文化自觉的重要路径和根本体现。其次，高校德育创新传承中华优秀传统文化是德育发展的必然要求。意识形态与教育之间的关系一直是德育的重要关注之一，我国的高校德育工作是以马克思主义理论为蓝本、中国特色社会主义为内容的德育实施体系，随着大学生个体意识对个人价值、人生意义的追问，高校德育从政治意识形态控制向现代中国社会道德重建展开探寻，①相应的政策面体现的是十八大提出的弘扬中华优秀传统文化和建设优秀传统文化传承体系，这是高校德育发展的必然要求。最后，传统文化为高校德育提供了丰富的教育资源。儒家思想的“仁爱”“仁义礼智信”“天人合一”，道家的“无为”“不争”，墨家的“兼爱”“非攻”等优秀传统文化对现代仍有重要的现实价值。习总书记指出：中华优秀传统文化积淀着中华民族最深沉的精神追求，是中华民族生生不息、发展壮大的丰厚滋养。核心价值观是民族的精神追求，中国社会主义本身就植根于中华文化之中，对于社会主义核心价值观而言，传统文化更是其源泉和精神滋养。

2. 中华优秀传统文化传承运行机制反思

功利主义、实用主义盛行的今天，学科化专业化大于科学化，各国都不同程度地存在着传统文化淡化和教育逐渐缺失的问题。我国一直大力倡导进行中华传统文化教育，小学教育中就设有“传统文化”这一门课程，给学生传授《三字经》《弟子规》《大学》等内容，但纵观我国传统文化传承运行机制，可以发现其内容还不够完善、结构还不够合理、体系还不够科学。高校的中华优秀传统文化传承目前主要体现在公共课和德育方面，公共课包括《大学语文》《中国传统文化概论》等课程，内容少、课

① 孙月娟，吴家驹. 中华优秀传统文化融入独立学院大学生德育探赜［J］. 学校党建与思想教育，2016（10）：53.

程少、学分比重轻是公共课的硬伤。德育方面则政治理论性内容多，传统文化内容融合的少、实践的少。整体分析，传统文化传承方面缺乏亲和力、感召力，运行机制缺少针对性和实效性，对于传统文化传承存在理论重视、实践轻视，运行重视、效果轻视，表面重视、深层轻视的问题。①

二、高校传统文化教育的现状及误区

1. 高校传统文化教育的地位

高校并非传统文化教育的主阵地，只能是另一场重要的战役。高校的传统文化教育呼声大、行动小，雷声大、雨点小。能够列为“通识教育”作为一门公共必修课或者选修课已经是工作到位，专业教育的思想仍是根深蒂固。所以传统文化教育对于高校的系统课程而言算不上重要。

2. 高校传统文化教育的外部环境

高校传统文化教育并非孤军奋斗的个体，而应该是先锋队。高校传统文化教育被赋予了引领传统文化教育的重任，然则回顾文化的复杂性，不得不承认的是高校传统文化教育只是传统文化教育的一个方面，而随着网络时代的深入，高校在教育上的特殊性和权威性将日益削弱，由之而来的是教育途径的多样化和传统文化与现代文化的加速融合。应当凝聚社会、学校、家庭、网络四位一体的教育模式，吸纳多渠道教育力量的加入并形成合力。

3. 高校传统文化教育的内容

高校传统文化教育的内容是去其糟粕、取其精华的过程，更是融会贯通、理论具化的过程。高校的传统文化教育应该是整个教育系统中传统文化教育的深化环节，对传统文化的精髓进行系统了解和深入挖掘才是高校传统文化教育的重点。而目前备受重视的高校传统文化教育仍停留在对于传统文化的普及上。

“中国梦”与传统文化的“传承关系”：首先，“中国梦”与传统文化

---

① 杜玉波．将中华优秀传统文化融入大学教育教学全过程［J］．中国大学教育，2016（01）：7.

的印证关系。2012 年 11 月 29 日，“复兴之路”展览时，第一次出现了“中国梦”的概念。“中国梦”是指：到中国共产党成立 100 年时全面建成小康社会的目标一定能实现，到新中国成立 100 年时建成富强民主文明和谐的社会主义现代化国家的目标一定能实现，中华民族伟大复兴的梦想一定能实现。《易经》象传篇说：天行健，君子以自强不息。孟子提出“富贵不能淫，贫贱不能移，威武不能屈”。这是提倡独立而刚健向上的人格。“中国梦”很好地诠释了传统文化中“自强不息”的思想。① 中共十六大报告第一次将“社会更加和谐”作为重要目标提出。“中国梦”也将“和谐”作为社会主义现代化国家的重要标签。而“天人合一”和“天人协调”正是传统文化中的重要理论，强调人与自然的关系，强调生态保护的重要性，也是对可持续发展的认同。《易经》象传篇说：天地交，泰。后以裁成天地之道，辅相天地之宜，以左右民。既强调了和谐的内涵，又与“中国梦”中以民为本的观念息息相通。“空谈误国、实干兴邦”是“中国梦”的行动准则之一。② 这一观点既体现了实践的重要性，又强调了凝聚合力的必要性。王阳明曾说：知是行之始，行是知之成。古语有云：千里之行始于足下。可以说“知行合一”既是中国文化的传统之一，又是中国教育的精髓之一。“中国梦”很好地鉴证了“知行合一”的理论。其次，“中国梦”对传统文化的深化发展。“中国梦”提出中华民族的伟大复兴，本身就是对传统文化的深化。对传统文化的全面了解和去粗取精是传承的重要步骤。“中国梦”很好地完成了这样一个过程，同时随着“中国梦”的深入开展，必将完成对传统文化的提炼和融合。“中国梦”是传统文化与时俱进的结果。从经济、政治、文化、社会建设“四位一体”升华到现在的包括生态文明建设的“五位一体”，尤其是提到了促进人全面发展的“价值特征”。可以说“中国梦”是中国国情和国际地位的反映，融合了科学含义和历史进程。

---

① 梁丽萍．百年沧桑“中国梦”［J］．中国党政干部论坛，2013（06）：87．

② 夏斌．“中国梦”必将成为时代强音［N］．解放日报，2012－12－3（01）．

高校开展传统文化教育及“中国梦”教育的途径如下。

1. 深入开展“中国梦”主题教育活动

随着“中国梦”的不断发展，相应的主题教育活动也成为融合传统文化教育，强化“中国梦”教育的主要途径。随着教育体制和教学大纲的不断完善，“通识教育”必将由“精品课程”取代。网络时代的来临，是“中国梦”和传统教育的挑战也是机遇。网络教育的范围和效率是传统教育所无法比拟的，运用好博客、微博、微信等科技手段，抢占网络阵地将是高校教育活动的重要任务之一。首先要积极开展网络基础设施建设，为“中国梦”教育活动提供硬件支持。建立专门的教育网站，开设符合大学生实际的栏目并及时更新新鲜多样的内容；其次要建立高素质的网络工作队伍。相关人员在具备专业能力的同时能够有较强的思想政治素质和传统文化水平；最后建立完善的网络工作机制。将教育活动纳入高校教育总体规划和校园网络建设总体规划中去。

2. 强化教育，融入实践

“身教胜于言教”“读万卷书，行万里路”，高校教育模式中的社会实践环节需要将“中国梦”和传统文化作为重要内容，同时应取消那些重复性、内涵少的面子工程。马克思主义关于社会有机体发展理论指出，人类全部社会生活在本质上是实践的。人类通过实践改造自然，从而构建了社会有机体。实践“中国梦”和完善传统文化传承既要创新思路和办法，又要开拓实践的新境界。

目前我国高校德育对传统文化的传承路径主要分为课程内载体和课外载体两个方面，对于公共课的分析可以看到少量课程的传承路径显然难以满足传统文化庞大的身躯，在课程内载体方面，文化和德育应蕴含于每一门课程当中，而不是限制在某些课程或某些通识课程中。美国卡耐基基金会主席博耶评价美国高校的公民道德教育时，针对课内载体谈到了三个隐性、硬性的课程要求，一是这门课程的历史和传统；二是这门课程涉及的社会和经济；三是课程面对的伦理和道德问题。将道德教育隐含于经验教育、综合教育中，根除了“被教育”的痕迹，使受教者被引导着自行归纳和得出道德结论，完全没有“填鸭式”的生硬感和压迫感。课外载体方面，目前的传统文化传承相对局限于校园内的校园文化活动、社团活动和社会实践上，与社区等校外结合的程度低、范围小且参与人数少，可以说主流的部分依然在校内，显得理论有余实践不足。社团活动、社团服务与学校整体文化建设一脉相承，在通过各种方式，尤其是一线的方式了解国情、民情，体验每个公民的责任感和参与社会事务意识方面缺失严重，应该将学生关心的人生意义的思考等，主动引导到国家建设、社会责任、文化传承上来。制度环境影响着运行机制，“立德树人”“以人为本”都是制度变革的体现，在此基础上还应借鉴古今中外有益的经验，改变以显性控制为主体的教育模式，建立全方位引导教化的社会实践教育体系。

三、应用型大学的发展及其德育现状

1. 应用型大学发展掠影

20 世纪在科技进步、生产力发展、教育民主化等思潮推动下，高等教育在结构和模式上发生了巨大的变化，新兴产业让市场经济多样化，教育的服务职能亟待加强，多样化引发了高等教育精英化衍生大众化的必然，大众化产生的理念改革和结构变迁意味着教育策略的调整和不同。1998 年 3 月的《江南论坛》在国内第一次出现了“应用型本科”这一提法，提出人为龚震伟。1998 年至今，在我国高等教育大众化阶段设置的，以本科教育为主，面向区域经济社会，以学科为依托，以应用型专业教育为基础，以社会人才需求为导向，培养高层次应用型人才的新型院校就是新建应用型本科院校。2009 年前后，教育部针对新建应用型本科院校方方面面的问题，先后九次召开了全国新建应用型院校教学工作研讨会或院校联席会议，专题会议就应用型人才培养、应用型本科教育等问题进行了深入讨论，随着“应用型”教育理念的演进，这一类高校也取得了长足的进步和发展。受美国州立大学和社区学院、英国“新大学”和德国应用科技大学等影响，国内许多应用型高校发展迅猛，走在了大众化教育和特色发展的前列。我们在看到进步和发展的同时还应该清醒地认识到，新建应用型本科院校的建校时间普遍不长，特别是应用型本科教育时间有限，人才培养在跟随和特色上难以取舍，面临着发展资金短缺、人才引进困难、学科基础薄弱等困境。

2. 应用型大学德育现状

1991 年 8 月，国家教育委员会颁布《关于加强和改进高等学校马克思主义理论教育的若干意见》，再次强调马克思主义理论课是高校思想政治教育的主渠道和主阵地，这是中共十三届四中全会之后“两手都要硬”的德育体现。1995 年 11 月，国家教育委员会颁布《中国普通高等学校德育大纲》，《大纲》对高校德育的内容进行了较大调整，在完善基础理论教育的同时，纳入了心理健康、审美、学风、道德法制和人生观教育，同时提出了拓宽德育途径，实现综合育人。虽然应用型大学与《大纲》同一时期在总结和提升的基础上孕育而生，但在路径依赖的惯性下，高校德育具体实施过程中整体沿袭了旧有的德育模式，在制度设计和实践层面滞后守旧。20 世纪末，随着改革开放和市场经济的加深，社会政治经济体制改革深入，文化和道德方面建设的缺失、失范引起了人们的广泛关注，重建的呼声响亮起来，随之发现“路径依赖”是这个后发现代化国家多年来政治挂帅灌输模式面临的困境，高校德育承载着革新这一“路径依赖”的责任和使命，其面临的首要问题就是最底层的核心价值和基本价值重构和具体化，立德树人和以人为本在理念方面直指传统控制模式的不足，提出“人本化”的方向，这体现了德育从形而上向形而下的重心移动，社会主义核心价值观为高校德育提供了最底层和最根本的价值具象，然而，高校德育目前重学科化、轻科学化态势依旧明显，功利性依附于纲领化、同质化的同一路径上显得大同小异。

四、应用型大学德育对中华优秀传统文化的创新传承

创新传承一：追求纵向维度和横向维度的深度融合性。传统文化的纵向维度是几千年的中华优秀传统文化，先秦诸子、唐诗宋词、戏剧小说、工艺制作、发明创新等都在历史的长河中静静流淌，灿烂的文明闭上眼当然不可能看到，只是看到却没有一个从认识深化到实践创新的过程，那么传承和现实同样不能完全合辙。应用型大学德育创新传统文化传承不仅要看到纵向维度，更要重视横向维度，即应用型大学本身的特色对传统文化传承的特点。应用型大学面向区域经济，服务地方社会，实践创新是其与生俱来的本色，中华传统文化中不乏创意创新，四大发明、旷古烁今的建筑工程、熠熠生辉的各类艺术形式和文学作品，“纸上得来终觉浅、绝知此事要躬行”“读万卷书行万里路”都是对创新的诠释和对实践的重视。早在先秦时期，孔子、孟子等先哲都有游学和访学的经历，他们也都开创了新的学派并著书立说，甚至有“百家争鸣”的景象，可见传统文化中不缺乏这一类教育素材。应用型大学的数量占到了整个本科大学的1/4左右，本科在校生数量占到2/5，这些学生在国计民生中有举足轻重的作用，培养他们的爱国情怀和社会责任意识刻不容缓。中华传统文化中有“苟利国家生死以，岂因祸福避趋之”的家国情怀，有近代革命传统文化这一部分感人至深的内容，“上甘岭战役”“建军节”“抗日战争”，无数仁人志士、烈士英雄需要我们去生动弘扬。社会主义核心价值观是所有高校德育的重要思想和理论所在，中华传统文化中的仁爱、诚信、和合、大同等都可以很好地阐发了社会主义核心价值观，让其有根可循，而不是无源之水、无本之木，让当代大学生有文化认同感和亲切感，其中的必要性不言而喻。

创新传承二：利用传统文化与两个目标的内在契合性。应用型大学的两个根本目标是培养应用技术人员和为社会服务。应用型大学在规划育人思路、谋划自身发展以满足社会需求和服务地方的根本目的过程中需要科学利用办学资源和育人资源，地方传统文化天然的认同感、得天独厚的文化传承是地方资源的主要组成部分，反过来传统文化进行地域性传承也有无可争议的优势和不可推卸的责任。地方优秀传统文化是应用型大学融入地方社会的最好的桥梁和纽带，创新传承地方优秀传统文化，将其与学科建设、理论教学和实践实训结合起来，能够起到学校与地方的共建双赢。职业道德和社会责任是技术和服务的深层要求，对应用型大学培养的大学生道德和责任的教育，标准答案化和模式化的课堂灌输和重复实践，让学生在来来回回“炒冷饭”中生出了对教化的免疫力和反感度，中华优秀传统文化这方面的教育素材不胜枚举，“大学之道在明明德，在亲民，在止于至善”“己所不欲勿施于人”“先天下之忧而忧”，无数先贤言传身教、著书立说，把人的责任道德与社会国家甚至自然都结合起来，是智慧的结晶、思想的力量，是应用型大学德育职业道德和社会责任意识教育的优秀教育素材。

创新传承三：讲求并构建传承张力结构的点面层次性。中华优秀传统文化博大精深、种类繁多、体量巨大，在传承方面应讲求科学传承。不同的行业、不同的年龄、不同的人群，中华优秀传统文化在这些方面的作用力和作用点都有所不同，每一个传承人群、传承行业都应有其自身的点面层次和传承张力结构，就如同社会主义核心价值观有国家、社会和个人三个层面一样。中华优秀传统文化在应用型大学的传承张力结构应有以下几个点面来实现其张力结构。一是中华优秀传统文化和地方优秀传统文化的结合面。梳理地方传统文化在中华传统文化中的地位和作用，挖掘其现实意义和实践意义。用地方传统文化的教育达到重读中华优秀传统文化的目的，深入引导学生的地缘认同感和民族自豪感。二是传统文化中的爱国主义与近代革命传统文化的结合面。“爱国”是社会主义核心价值观对个人层面的第一个界定，传承传统文化要与政治理论教育相结合，这是德育工作政治性的要求和体现。革命传统文化近年来受“抗日神剧”的影响负面效果凸显，让大学生了解革命传统历史、革命传统文化是德育对国家的责任、对先烈的缅怀。革命传统文化是中华民族几千年来爱国、独立精神诉求的延续，其中的一脉相承应该在当代大学生中传承下去。三是中华优秀传统文化在应用型大学所有课程中的体现与职业服务文化的结合面。应用型大学里面最典型的就是直接面向应用的工科专业，这些专业都有很强的社会责任和职业道德要求，天津滨海新区爆炸事件就是危险品存储不规范、责任意识淡薄造成的，遇难人数近200人，经济损失15亿美元。

四是中华优秀传统文化新媒体传播与校内外实践的结合面。新媒体传播是德育对中华优秀传统文化创新传承的重要渠道，是媒体实践的方式，用新媒体传播的形式督导校内外实践的开展，把校内外实践的运行通过新媒体进行扩音。应用型大学因为其办学定位注重学生的校内外实践，传统文化只是学习和认知显然没有生命力，运用于实践中才能传承下去，应用型大学在这一方面有较大的完善空间，同时应注意与新媒体运用的结合。

第二节 网络文化与应用型高校德育

网络文化是虚拟空间的一把双刃剑，一方面有勃勃生机带来的难得机遇；另一方面信息污染和复杂化带来了前所未有的挑战。这里将从网络文化消极的一面和积极的一面，通过案例解读的方式来试着了解一下网络文化在应用型高校德育方面带来的影响。网络文化给大学生带来的消极和负面的影响最令人印象深刻的就是网瘾，这是一个随着网络文化诞生以来就难以根治的顽疾。近几年，在网瘾问题还在积极应对的时候，人们突然发现大学生网贷以一种更为恶劣的形象出现在人们面前，甚至有的大学生因此债务缠身、身败名裂。

一、大学生网瘾

高校大学生上网在当今社会再普遍不过，宿舍可以上网、图书馆可以上网、网吧网咖可以上网，上网的原因有玩游戏、找资料、看电影、听音乐等。德育教师这些年接触过不少网瘾或大或小的学生，可以先看个例子再总结一下。

案例概述：

男生小吴，来自南方的学生，始终普普通通的样子，没有违纪情况。学习成绩一直不好，每个学期都在挂科，父亲在全国各地修铁路，母亲没有文化，所以电话沟通不畅，对于儿子的学习，父亲的态度是不以为然，他说家乡那边的小孩读书的少，打工的打工，创业的创业，这个孩子就是以拿到毕业证为目的，再读下去也没有意义，家庭也承受不了，工作已经给孩子找好了，就来自己打工所在的这家公司，公司很大，待遇不错。挂科对于孩子的父亲而言没有意义，即便是最后听说挂科的门数已经超过了拿学位证的门数，他也只是问能不能拿到毕业证。学习的事情就这样处理着，大三下学期找该生同宿舍同学聊天时，他的舍友说小吴上网比较多，一般是周末，两个白天几乎一动不动地上网，饭菜都是托舍友买给他，或者直接在网上订购。从表述中，感觉到明显有问题，找小吴第一次谈不是学业方面的问题，谈了一下他周末上网的事，谈话中他承认最近上网比较多，因为挂科的事情自己感觉有点苦闷，表示以后会转变思路，把心思放到学习上来。随后经过两次谈话，小吴似乎不再对上网那样痴迷，舍友说他周末都是去图书馆，学到很晚才回来，但是成绩还是不好，可能是基础太差。后来发现小吴没有去图书馆，而是瞒着宿舍的同学独自去校外的网吧上网，他痴迷于一款网游，找他谈话时脸色苍白，询问得知，有时上网没有时间吃饭。

小吴属于高校中比较严重的网瘾类型，如果学校管理不严格，那么小吴很可能住在网吧，因为上网已经占用了他一天大多数的时间。目前，很多高校的宿舍管理外包给校外的物业，学生晚上就寝的情况对于学校而言是一片空白，网瘾严重的同学在这样的管理体制下很容易引发更为严重的问题，如电视和报纸上常常提到的网吧猝死。

案例分析及处理：

1. 及时发现

网瘾和烟瘾很像，越早制止效果越好，发展到严重的时候，老师、家长甚至是专业机构也会焦头烂额。发现网瘾需要通过不同层面的专门排查，如班长层面、舍长层面、学生会层面。排查可以通过谈话、统计表和检查抽查的方式开展。对于周末外出上网的同学要特别关注，现在的高校宿舍内上网一般都没有问题，外出上网说明学生需要网吧的网速或者网吧的环境，无论哪种因素都不是好的苗头。有网瘾，尤其是轻微网瘾的同学，承认的时候很少，他们没有意识到习惯性地上网有成瘾的可能，不认为上网是一件值得关注的事情。

2. 及时引导（引导宿舍成员做好监督）

上网频繁形成习惯需要及时引导，否则形成网瘾再引导会费时费力。根据不同的学生情况，要采取不同的引导方式。首先，学生上网有些有家庭和生活的因素，应当在了解其家庭和生活信息的情况下，有针对性地开展心理疏导，这一类学生因为家庭和生活因素的相对稳固性，短期内通过干预很难改变，可以让学生转变思路，从另一个角度对待生活中遇到的问题。其次，学业问题导致。这一类学生有的是因为某些课程偏科，有的是因为上大学之后努力付出有限，心理疏导起来相对容易，如果家庭能帮助一起引导则效果更好；其他原因的上网，如被网络娱乐性吸引、聊天、人际关系需要等。心理疏导不是一次两次的工作，也不仅是老师的工作，一定要通过合适的方式让家长参与进来，而跟踪管理方面则可以交给学生的舍长或班委，需要注意的是保密原则。

3. 及时联系

与学生家长联系并沟通上网的情节需要谨慎，有的学生对这一方面非常敏感，没有经得他们同意，或者与家长沟通时没有商量好如何对学生保密，很容易让工作陷入被动和停滞。当出现上网频繁甚至形成网瘾的情况，与家长沟通是必需的，不能因为学生对此反感和反对就不联系。可以与家长联系时，说明学生的态度，请家长在随后的干预中不要透露与校方共同管理的情况。有的家长对孩子的管理松散、顺其自然，老师对这样的家长很多时候无能为力，工作还是要正常开展，需要联系的时候就要联系，这是工作正常的程序，不能认为没有作用就忽略。

4. 及时处理

网瘾成性的学生是学生工作中的一大安全隐患，他们自控力缺失，上网的地点情况复杂，容易出现财物安全问题、人身安全问题，相对学业上的落后，身体健康的每况愈下也是让人头疼的问题。面对网瘾成性的学生，必须做到运用所有可以运用的手段，果断处理、及时处理，不能让安全隐患在这些学生身上发生，他们是安全问题的高危区域。

二、网贷心理健康教育

1997 年 9 月，中共十五大明确提出了依法治国的战略方针，要求广大人民群众在党的领导下，依照宪法和法律管理国家事务、经济文化事业和社会事务，保证各项工作都依法进行，逐步实现社会主义民主的制度化、规范化、程序化，不因领导人、领导人的看法和注意力的改变而改变。现代法制的推进在此之前已广泛开展并有条不紊地持续进行，从 1986 年的《高等教育管理职责暂行规定》到 1998 年的《中华人民共和国高等教育法》，这十几年间，相继颁布了《中华人民共和国教师法》《中华人民共和国教育法》和《学校卫生工作条例》等法律法规。教育部在法定权限内，修订公布了《普通高等学校学生管理办法》和《高校学生行为准则》。2013 年 5 月 1 日实施的《中华人民共和国精神卫生法》是现代法制的又一历史性推进，它延续了自 1900 年清末就开始的现代法制化进程，为高校心理健康教育提供了法律和制度保障，为高校学生由义务主体向权利主体过渡提供了法治前提。然而，法治化轨道上坎坷不断更需思考不断。

（一）法治化过程中的困境

1. 提供法律依据的同时又权限不清

《中华人民共和国精神卫生法》是高校心理健康教育工作国家层面的正式法律支撑，改变了无法可依的局面，既明确提出了高校心理健康教育工作人员的准入和培训机制，为其提供制度保障，又对工作中各方权责划分提供了基本的指导框架。解决问题的同时，新的问题又产生了。第23条第2款有规定，心理咨询人员不得从事心理治疗或者精神障碍的诊断、治疗。精神障碍指的是一类具有诊断意义的精神方面的问题。也就是说可以从医学角度对人们的精神和体质状态做出判断，特征为认知、情绪、行为等方面的改变，可伴有痛苦体验和功能损害。由此，就出现了心理问题和精神障碍等部分心理疾病界限不清的情况。在学校的环境下，心理咨询工作人员不能涉及心理诊断、治疗，在出现问题包括和监护人沟通的过程中存在可能发生的法律问题和风险。

2. 对精神障碍者或疑似患者的行政强制实践环节有待规范

《中华人民共和国精神卫生法》第28条第2款规定，疑似精神障碍者发生伤害自身、危害他人安全的行为等，其近亲属、所在单位、当地公安机关应当立即采取措施予以制止。但“制止”并不能直接作为行政强制实施的法律支持。第28条第1款规定：除个人自行到医疗机构进行精神障碍诊断外，疑似精神障碍患者的近亲属可以将其送往医疗机构进行精神障碍诊断。这里的“自行”和“可以”与高校随之而来的“必须提供相应医疗机构的证明”产生了矛盾，如果高校要求必须提供医疗机构的证明，那么行政强制的行为就已经实施，如果无须提供医疗机构的证明，出现精神障碍或疑似精神障碍的学生和监护人则有可能在病耻感和其他因素考虑之下不进行诊断。

3. 现行心理健康教育制度和人员配置的不适

目前高校中参与心理健康教育工作的人群呈现递增的趋势，其中不乏具有较高助人热情和具备基础心理卫生知识和技巧的人员，但群体中是否都符合《中华人民共和国精神卫生法》规定的相关资质。如果不符合，那么参与到直接的工作中，就有可能出现法律风险和问题。目前高校中开展的心理普测和危机干预，在知情环节、保密措施、个案材料处理和呈报方面是否符合《中华人民共和国精神卫生法》的相关规定，在活动开展中是否体现了学生权利主体而不是义务主体的地位，这些问题都是高校心理健康教育法治化进程中必须论证和解决的问题。

（二）法治化进程中的思考

1. 树立依法治校的工作理念

教育的现代化必将体现在以人为本和以学生为本上，从法律法理角度看，学生与教师、学校既有管理和被管理又有相互平等的关系。重视学生心理健康教育的义务而忽视了学生心理健康教育的权利是个误区，学生需要一个独立的地位，在这项工作中只能激发学生的参与意识，在开展工作之初，应首先考虑是否合法，是否会侵犯学生这一相对弱势的群体，而不是单纯从对工作和学校有益的角度出发。树立依法治校的工作理念体现在制度体系的建立和完善上，尤其应建立侵权救助机制和诉求反馈机制。

2. 树立程序正当的工作意识

《普通高等学校学生管理规定》明确提出程序正当、证据充分、依据明确、定性准确、处分适当的学生处分原则。心理健康教育当然不同于学生处分，但在心理健康教育工作中，程序正当尤其重要。遇到问题分几类处理，有哪些规范化的程序，哪些问题由哪些人处理，哪些问题应该由专门的医疗机构人员进行处理。高校的心理健康教育工作重心是否应转移至群体知识普及和宣传，严重心理障碍和疑似精神障碍等工作移交机制等方面。而心理辅导工作则应将其范畴厘清，如职业规划、恋爱成长等，其中辅导的程序也应符合法律法理要求。无论规章制度的法制化，还是程序的法制化，这些制度和程序的制定都应体现法治的精神和以人为本的理念，制度和程序的成型需要广泛征求意见，确定其合法性的同时还要具有可操作性。

3. 建立法制教育的工作机制

心理健康教育工作者和学生都是高校心理健康教育工作的主体，依法治校理念下对这两者的法制教育都应与时俱进。通过课堂、讲座和培训等形式，依托教学、活动和社会实践等平台开展长效基础的法制教育，真正形成知法、守法、宣传法和运用法的习惯，唯此才能促进高校心理健康教育工作，形成法治育人环境，推进现代社会法治化进程。

大学生网贷是一种植根互联网的虚拟信用卡，自从校园信用卡2009年陆续停办之后，目前仅有招商银行的“Young卡”尚在使用且不再办理新卡，大学生网贷作为P2P在大学校园的主要模式之一，担负起大型银行退出之后大学生提前消费的接盘手。2014年，国家统计局数据，全国高校学生2400余万，这样一个规模化、持续性的消费市场，催生了一批大学生网贷平台，而大学生的消费观念也在悄然发生变化。证监会《关于进一步规范发行审核权力运行的若干意见》、银监会《网络借贷资金存款业务指引（征求意见稿）》是政策面的及时跟进，为实现校园金融软着陆，还亟须呼唤大学生理性消费自觉。截至2014年，包括爱学贷、分期乐在内的多家网贷平台，因为其广阔的市场前景，以及资金链与市场的博弈，先后融资成功，动辄亿元为单位的资金只是网贷平台的冰山一角。淘宝、京东等电商巨头推出的“花呗”“京东白条”昭示着大学生网贷已进入井喷式发展时期。市场的规律就是如此，供需关系决定了资本市场的变幻，大学生网贷处在需求旺盛的一端，而此消费观念有其固有的心理因素。

（三）大学生消费环境解读

1. 生活环境变化

大学生活不同于学生以往任何一个阶段，学生掌握了消费的决策权。大学生活不是简单的住校，而是远离父母、独立自主的开始。脱离小家庭，融入校园大家庭，大学生消费自主性被动提高，可控消费资金增多，家长从锻炼和关爱的角度一般不会过多干涉，可以说大学生消费的环境较之以往宽松了很多。生存型消费比例的减少也是这一时期的变化之一，受社会发展、经济建设的影响，社会整体的生存型消费比例都在减少，大学校园里的这一趋势受到社会大环境的影响，被家长刻意放大之后，生存型消费比例甚至比社会环境里的比例更小，其他类型的消费比例反之增加。

2. 经济环境差异

每个家庭的经济情况都不一样，其深层原因是今天经济发展不平衡和金融市场波动，浅层的原因包括工资差异、行业差异、特殊情况等。大学就像社会的缩影，消费能力和水平参差不齐，大学生消费有决策权，但收入渠道有限。大学生个人多数没有收入或打工收入极少，主要的经济收入来源就是家庭，所以家庭经济情况的不同导致了大学生不同的消费能力和水平，同时，缺少系统的学校金融知识教育，不同的家庭金融知识灌输造就了不同的大学生消费观念。

3. 商品市场繁荣

商品市场从各个方面都呈现出多元化、多样化的特点，针对大学生量身定做的消费产品呈现出定位准确、领域创新、种类繁多的态势，客观上刺激了大学生群体的消费愿望。新媒体等销售渠道使卖方的主体性消解，将商品市场变成了买方市场，让大学生掌握消费决策权的同时，乐于体会更多的消费方式，这里面具有代表性的有众筹、预售等，这些创新都不同程度地应和着大学生这一群体的创新属性。

（四）大学生消费观念类别

1. 分期消费观念

大学生有追求新鲜事物的特质，根据新浪、搜狐等网站调查结果显示分期消费平台自2013年开始，2014年迅速发展到30余家，据统计大学生每年的分期消费额在500亿左右。大学生分期消费观念的形成除了源于新鲜感，还有其他的几个因素。首先，大学生在校生活学习的资金有限。父母对孩子在学校的消费观念很多还停留在传统的勤俭节约上，绝大多数的学生可支配的自由资金有限，可用来消费的资金往往不宽裕。大学生资金的来源渠道也存在问题，除了父母的供给之外，仅有学校的奖助学金、社会奖助学金，获得的人数和金额数都有限，且往往带有明确的使用倾向。少数有打工经历的同学，打工所得在消费的支持方面也有限。其次，大学生在满足温饱的基础上，经常会有更高的追求。或追求高端，或追求美观，或追求时尚，高于基础消费往往就意味着更多的资金要求。最后，大学生除了有物质的追求之外，在精神生活方面也需要资金的投入和支持，人际交往、游学观光需要的资金是生活费很难负担的。

2. 提前消费观念

提前消费往往不是为了“必需”两个字，更高端、更前卫甚至更深层的精神需求是提前消费的内在驱动力。社会上提前消费的观念比较普遍，住房有房贷、买车有车贷，平时购物有多种信用卡、透支卡，作为“社会预科班”的高校往往会被社会上的各种思潮所影响，提前消费成为在校大学生新的消费心理，以至于这种观念会在其毕业后仍有延续，这种延续也是网贷平台看好这一市场的原因之一。

3. 非理性消费观念

分期消费和提前消费已经被现代社会所普遍接受，大学生在校期间的分期和提前消费有非理性消费的成分。更具有代表性的非理性消费包括：攀比消费心理、享乐消费心理、追风消费心理、炫耀消费心理等。大学生受年龄阶段的影响，热爱新鲜事物，品牌意识和时尚观念比较高，对于名牌产品的向往，对于某些电子产品的追捧，常常导致产生盲目消费。物质文明丰富让线下和线上的商品琳琅满目，一件衣服饰品、一台笔记本电脑，大学生有的是为了炫耀，有的仅仅是为了不被轻视。高校大学生接受系统的金融和消费教育的比例很小，他们的消费观念因为没有经历过培训和“实战”，往往不合理和不理性。消费目的包括从众、求异、攀比、娱乐、求新、随意等不理性的消费心理。

（五）从网贷消费的三个维度解析症结因子

1. 网贷平台维度

方便的背后是放纵。首先，“互联网 +”缩短了人与人、人与机构之间的距离，网贷平台深谙此道。手机 APP 不需要本人亲自办理，甚至有些取消了视频网签的限制，提供一个姓名、一个身份证号码，甚至只是一本学生证，一天即可完成整个业务流程，对学生而言是“足不出户、动动手指”而已。其次，超低利率的诱惑。看似月利率远低于 3%，实际计算服务费、管理费在内，年利率多数超过 20%，很多平台采用非标准等额本息还款算法，对于没有专业金融知识的广大学生，数据摆在面前也无法理解怎么会产生这样高的利息，只能是“猜到开头，猜不到结尾”。最后，款项的使用无任何监控。相比银行等传统机构的分类审核，网贷平台也提供了分类资金流向的选择，助学、创业、培训，看似严谨的分类审核，实则无任何后续的监控和监管，资金流向大学生后，怎么处理资金已经与网贷平台没有任何关系了。种种方便的背后是大学生网贷消费的恣意放纵，放贷容易、无人监管、超低利率，表面的便利是一个个诱饵和陷阱。

2. 网贷政策维度

相关政策进入快车道。早期的网贷政策有三个特色：①无准入门槛；②无行业标准；③无行业监管。此类情况《合同法》也只用了一个条款进行说明，简单界定了分期付款逾期不履行的处理办法。可以说，早期的行政监管追不紧行业发展脚步，单单依靠不完善条款和自律显然行不通。

近年来，走上快车道的网贷政策在逐步完善，需要改进的部分仍然占相当的比重。2016 年前后，证监会、银监会等机构先后出台政策，纷纷对行业内部规则进行界定，体现了多头监管体制的专业化、细致化和职责化。如 2016 年 7 月，《关于促进互联网金融健康发展指导意见》，虽然只是意见稿，但包括中国人民银行在内的十部门协同监管、创新监管的目的鲜明，为未来明确监管主体或创新监管主体迈出了坚实的一步。行业协会、行业标准是责任金融的标志，政策到位还要行业自律到位，监管到位还要自我约束到位。消费者的知情权不仅是一条款项，更意味着社会责任和行业责任。网贷这一类普惠金融的征信机制亟待完善，与银行等金融机构的信息共享，让个人征信信息联通，可以有效地避免过度借贷，对于大学生而言，这一点尤其重要。

3. 网贷学生维度

大学生需要自我保护。网贷学生层面相对集中的问题主要包括：①大学生隐私保护；②大学生权益保护，既包括大学生权利又包括维权，如产品的降价补偿，服务费，个别高利率及变相的高利率等；③征信体系的使用不规范、无监管。行业的不成熟和发展过速助推了大学生网贷消极消费心理的滋长，如果没有合理的引导和教育，没有系统的环境因素制约，不良的消费观念有可能从个人到集体，产生规模效应。

（六）积极心理学对大学生网贷消费心理的启示

积极心理学起源于20世纪中叶，发展于20世纪末，兴盛于21世纪初[3]。虽然出现了价值维度单一、违反价值无涉和价值中性原则等批判的声音，但积极心理学对于积极品质的拓展、个体发展的研究具有十分重要的意义，在大学生思想政治教育方面贡献重大、意义深远。两者在目标上有相近、在原则上有相通、在内容上有相似。积极心理学总结的六大普适性美德，在内在逻辑和内容要求上与传统文化内核和社会主义核心价值观有很多契合之处，如仁爱、知识、节制和正义。从美德教育这个方面看，积极心理学有很多值得借鉴的地方。当今学生学业负担重，学校功利色彩鲜明，素质教育强调关照社会、关照市场，针对学生个人生活的教育明显滞后，如诚信教育、价值教育。积极心理学重视个体、重视主观幸福感的挖掘，对个人价值观有积极的培育作用，引入积极心理学对于大学生网贷消费心理有很强的启示指导意义。《中共中央 国务院关于加快推进生态文明建设的意见》提出，倡导勤俭节约的消费观，坚决抵制和反对各种形式的奢侈浪费和不合理消费，即绿色消费。就大学生在校园的消费而言，绿色消费有三层含义。一是消费目的积极向上。二是消费心理导向：以求实为代表的理智消费。三是消费类型：以传统的节约为核心的计划性消费。要实现高校大学生绿色消费观念，让大学生在网贷消费方面形成科学、理性的消费概念，积极心理学可以起到启示和工具的作用，具体可以从三个方面进行分析。

1. “积极人格特质”有助于大学生树立正确的消费观念

激发大学生积极品质是积极心理学的第一个启示。积极心理学尊重个体差异，尊重对个体的积极培育，很容易受到学生的认可。它与普通教育中的“问题教育”不同，关注点不在于问题的产生，而在于优势的挖掘，这种重视肯定作用的原则，让学生主体性大大增强。坚定的意志，面对挫折的能力，敏锐的判断，勇于接受新鲜事物并进行理智判断的能力等，都是积极心理学研究的内容。大学生面对网贷消费，有勇于接受新鲜事物的一面，有敏锐的判断，但明显缺乏积极心理学倡导的理智判断。在高校工作的各个层面，应达成积极品行的实践育人共识，引入积极心理学理念，对积极人格特质加以肯定和培养，对消极心理做出科学的评价。通过心理团体辅导活动、心理社会实践活动、心理素质拓展项目，尤其是微博、微信等网络载体，剥离盲目、冲动、攀比的消费导向，形成理性、计划的消费主张。改变维度单一的出现问题马上全盘否定的片面论，针对大学生网贷消费不同的心理特征，以积极品格作为前提加以引导，让学生能够在自主、自觉因子的干预下，发挥主观能动性分析问题，克服不足。

2. “积极境遇”引导大学生积极心理因素的觉醒和发展

积极人格特质关注的是个体学生心理层面的影响，积极境遇则对高校管理、校园文化环境提出了明确的要求，因而倡导建立校园环境和支持体系是积极心理学的第二个启示。高校应开设金融知识和消费知识的课程及培训；校园文化对师生价值观树立和行为趋向引导方面起到重要作用，社会主义核心价值观、以人文本和立德树人等理论是校园文化很好的植根土壤，建立以信仰建设、学业引导为核心的校园文化体系，有利于积极品格的形成。校园“525”活动、心理阳光进班级、互助朋辈心理辅导，级层网络模式的心理教育体系建设是管理体系、支持体系的有力补充，可以让“积极人格特质”工作效果规模化、体制化。

3. “生活满意度和幸福指数”指导大学生深层价值取向

生活满意度和幸福指数是积极心理学重要的研究内容，内涵丰富。指向人生观、价值观和世界观的塑造，体现了对积极人性和个人主体的重点关注。良好的教育环境还需要大学生的积极参与才能产生效果，关注学生生活满意度和幸福指数是尊重更是需要。

据调查，高校大学生随着年龄增长网贷消费的满意度在逐步提升，这也是网贷平台最看重的行业延展性。大学生悦纳自己、定义幸福的能力不足，受到家庭、教育、社会方方面面的影响，没有有针对性地开展这方面的认知和体悟，面对负面价值观念，不能做到从内在进行消解。如大学生喜欢通过攀比和求异的方式彰显自我，从而体会到幸福感和生活满意度，这明显是不理性的，但只有从内在消解其“合理性”，才能真正做到釜底抽薪。如何界定理性和科学的满意度和幸福，只依靠积极人格特质和积极境遇干预还不够，还需要权威的声音及时站出来，社会主义核心价值观、中国优秀传统文化，这些内涵丰富、提纲挈领的精神财富就是最全面的指导意见。这些理论文化倡导的生活满意度和幸福，正是积极心理学与我国高校德育融合的结果。生活是否满意，追求幸福的人生目的，既是积极心理学研究的内容，也是大学生网贷消费的内因之一。幸福源自积极还是消极的因素不能简单而论，有的幸福是建立在别人或家人的痛苦之上，有的满意是建立在别人不满意的条件上。幸福就是快乐，然而并不是每一快乐都是积极心理学倡导的。积极心理学以“积极”为出发点，构建满意、幸福的维度，划分积极心理因素并予以倡导。开展“幸福是什么”的讨论和团体辅导活动，组织“满意度调查”，用调查数据指导校园文化建设，把幸福感教育、满意度体验融入课堂教育和德育工作之中，从自身做起、从细节化入手，精准安排、主动干预，用好积极心理学这一工具，切实把大学生幸福观和满意度引导到正确的方向上来。大学生网贷消费心理有负面的消费观念，同时应看到大学生网贷追求的是满意度和幸福感，要解决这一负面心理的问题，就要用到积极心理学的内容，满意度和幸福感的出发点和源头应该是“积极”的。这种“积极”是个人和家庭的统一，是个人和国家社会的统一，是理性与发展的统一，也是客观条件与挫折教育的统一。

三、大数据时代

网络文化之所以深受大学生的认可，当然不会全都是消极的一面。网络文化有自身独特的魅力和先进之处，网络文化背后有信息科技作为其重要支撑，未来的发展不可预期。近几年，网络文化被人们关注最多的焦点词汇有：“互联网 +”“云科技”和“大数据”。“互联网 +”和“云科技”将在创新创业章节予以解读和分析，这里仅将“大数据”作为网络文化的代表，通过分析网络文化先进性带来的积极意义，从而找出这个层面上网络文化与高校德育的关系。

大数据首次出现于20世纪初 Gartner 公司的一份研究报告之中，社交软件上提示的“您可能认识的好友”等应用，就是身边大数据应用的实例。大数据记录了人的数据、事的数据、物的数据，大数据不仅仅是体量和数量大，它还可以从庞大而复杂的数字数据中发掘知识及其现象后的本质。大数据是互联网的一项大变革，它必将成为影响和改变人们生活、学习和工作方式的一项大变革。高校德育和创新创业在大数据的背景下应该注意哪些变化，相关的信息素养应该怎样培养是我们应该关注的问题。

大数据的作用和特点：一是能够帮助用户在茫茫的数据海洋里快速找到所需的资源。通过构建基于云计算的大数据资源处理平台，摆脱传统的关系数据库，节省大量的时间、人力和物力的同时，可以提高对数据的分析速度和效率。每一个信息云可以对应一个碎片数据库，对成百上千的数据节点进行数据挖掘算法的分析。大量不完整、模糊的教育信息和资源被整理、分类和筛选。二是具有预测性。在分析数据，对要求的方向和目标进行整理、评估之后，可以对未来的效果、结果、方式等进行预测，并可以通过对预测的结果进行分析，提供最佳的处理策略等建议内容。网络媒体提供的大数据案例：一种新的甲型 H1N1 病毒在2009年的几周之内迅速蔓延，而在几个星期之前，这件事已经被互联网的工程师们成功预测，并将预测的结果发表成论文刊登在《自然》杂志上。工程师们运用的技术正是大数据的技术，每天超过30亿条的搜索数据被工程师们汇总，他们通过对大数据的分析，预测的数据与最终官方的数据相关度达97%。通过互联网媒体我们接触到的真实案例还有美国总统竞选：许多人通过 Facebook

更新个人状态、分享图片以及他们“喜欢”的内容。奥巴马的总统竞选运动也通过使用社交网络的各种数据功能完成了竞选，他们不仅通过社交网络寻找支持者，而且还通过社交网络召集了一批志愿军。早在2006年，Facebook联合创始人，克里斯·休斯就建议扎克伯格在网站上推出相关服务，帮助总统候选人在Facebook上建立个人主页，以便他们进行形象推广。2006年9月，Facebook全面开放，用户数量爆炸式增长，在当年年底达到1200万。这一过程恰好有力地推升了奥巴马的知名度。此后，在克里斯的辅佐下，奥巴马掀起了一系列的网络活动，在Facebook、MySpace等社交网站上发表公开演讲、推广施政理念，赢得大量网民支持，募集到5亿多美元的竞选经费。最终，“黑人平民”战胜了实力雄厚的对手，成为美国历史上第一位黑人总统，之后，在第二次的选举中更获得连任。此次选举被认为是美国民主的巨大进步，而互联网则提供了前所未有的实施手段，其中尤以Facebook代表的社交网站最为突出，以至于有人戏称之为“Facebook之选”。三是大数据的分析不是以因果关系和对应关系为出发点，而是对数据进行分析的基础上，可以把毫不相关的内容联系起来。众所周知的沃尔玛的“飓风来了人们为什么买蛋挞”的例子：在网络带来巨大的数据库之前，沃尔玛在美国企业中拥有的数据资源应该是最多的。20世纪90年代，沃尔玛让供应商监控销售速率、数量以及存货的情况，并通过打造透明度来迫使供应商照顾好自己的物流。在许多情况下，沃尔玛不接受产品的“所有权”，这样就避免了存货的风险也降低了成本。实际上，沃尔玛运用这些数据使其成为世界上最大的“寄售店”。2004年，沃尔玛对过去交易的庞大的数据库进行了观察，这个数据库记录的数据不仅包括每一个顾客的购物清单以及消费额，还包括购物篮中的物品、具体购买时间，甚至购买天气。沃尔玛公司注意到，每当在季节性飓风来临之前，不仅手电筒的销售量会增加，蛋挞的销量也会增加。而蛋挞销量为什么会增加，是因为飓风来了人们多数都待在家中看电视，看电视的时候人们喜欢吃些零食和甜品，所以蛋挞的销量因而增加。因此，当季节性风暴来临时，沃尔玛会把蛋挞放在靠近飓风用品的位置，当然，这一改变也增加了销量。四是大数据分析的快捷性。我们在淘宝类网购 APP 浏览时，常常发现软件会迅速更新一些我们搜索比较多的内容，推送的准确性和快速性让人惊讶。这就是大数据快捷性的优势，这种在数据运动中处理、分析和结果预测的速度必将因为技术的升级而持续加快。

高校的大数据运用目前还没有深入进行，更谈不上普及。但是大数据的运用必将成为高校工作的重要推手，可以预见到的大数据使用方向包括：一是个性化的学习方案。教育资源的大数据化，一个省市甚至整个国家的数据联盟会因为网络而建立起来。同一门课程的所有网络授课都可以在第一时间推送给需要的学生，学生搜索的数据会成为推送的关键词，选择什么样的教育资源，学生可以自己说了算。不仅有个性化的学习方案，还有个性化的就业方案、创业方案。目前就业和创业的信息推送是老师们通过就业信息网、APP 软件、交流软件无差别地批量推送，有时就业信息能达到几百条，学生们在筛选的时候费时费力，还不一定能够找到最适合自己的。大数据运用可以让就业方案和创业方案完成个性化定制，通过云平台的处理，根据学生的专业特长、兴趣爱好、创造力方向，学生们可以轻松拥有一份适合自己的个性化方案。二是预测和判断。学生在报考研究生时，可以根据自己的学习情况、各科成绩分布和学校的录取情况进行大数据支持，不会再出现大面积报的志愿扎堆和志愿高低情况。学生在进行创新创业设计的时候，也可以用到大数据分析，将以前难以准确完成的市场预测在更大范围、更长时间进行更精确的预测分析。三是数据指导。如网络舆情的数据指导、教学状态的数据指导、培养方案的数据指导等。大数据强化了教育全程化的记录、观察和研究过程，原始数据的收集和归纳，为网络舆情、教学状态、培养方案等学校的各个方面都提供了有效的全程化的指导。

大数据背景下，高校德育和创新创业需要注意的几个问题：一是重视大数据意识的培养，尤其重视大数据法制化的相关要求。大数据带来方便的同时，其安全问题容易导致个人信息的泄露，随着大数据法制化的建设和完善，高校应该成为大数据法制化首批践行者和拥护者。二是大数据已经成为新发明和新服务的源泉，必将带领新一个创新创业的浪潮出现，高校创新创业指导工作应该抓住这个契机，将大数据思维在大学生中迅速推广开来，以迎接这蓄势待发的改变。三是对传统的工作模式进行反思和改进。用大数据的指导作为参考，改革现有的高校德育和创新创业模式，不墨守成规、不因循守旧，大数据时代将与互联网时代一样迅速地改变很多旧有模式，如果不做出改变就会被这个时代淘汰。四是高校大数据相关收集、处理和管理机制需要尽快建立和完善。

第三节　新形势下德育教师与大学生

传统文化和网络文化交织下的高校，有价值观、文化带来的冲击，有传统文化的焕然新生，有网络文化的利弊两面。这样的新形势下德育教师和大学生们都需要从反省自身开始，找到文化的先进性而趋同，找到文化的落后性而趋避。是故学然后知不足，教然后知困。知不足，然后能自反也；知困，然后能自强也。故曰：教学相长也。

一、德育教师

大学德育，先从《大学》谈起。德育工作之始，不是学生，而是教师本身。

德育工作开篇需要引出一位重要的人物。《论语》中通称为“子”的孔子学生之一，孔子和孟子之间承上启下之人，《论语》编纂者和主人公之一，《大学》的作者，提出了“日三省吾身”“士不可以不弘毅”“明明德”“亲民”“止于至善”“格物致知”“诚意正心”“修身齐家治国平天下”的人，孔子的学生、孟子的师祖——曾子。曾子的代表作《大学》共

2212个字，篇幅何其小，容量何其大，话说中国很多的传统文化巨著的“巨”很多都不是指的篇幅。《大学》即大人之学，讲的是如何成为“大人”，今天通俗点讲也就是成为精英的办法。这些精英在生活实践中需要弘扬德行、弃旧革新、达到至善，这就是《大学》的三纲领，也就是精英的三个学位证书。看起来简单，做起来着实不易，具体来说需要依次上好八门功课，也就是开展八项工作，当然级别和层次不同，不一定每一个层次都能达到，分别是：格物、致知、诚意、正心、修身、齐家、治国、平天下。看到后面的四个词可能就笑了，这个看着熟悉，是啊，传统文化的传承在今天有很多问题，知其然不知其所以然，听着熟悉却也仅限于此。《大学》这个名字起得真好，今天社会上的精英很多都有大学的经历或者被大学毕业的人教育的经历。《大学》首先提到了德的重要性，德是三大纲领、三大条件之一，今天我们倡导教育立德树人的根本任务，这样看起来，德育自古至今都是核心和基础，一脉相承的内在契合性让人深思。曾子是个反省能力和总结能力都很强的人，他的理论学说、思想观点对于今天依然有着振聋发聩的效果，是传统文化中璀璨的明珠。今天的德育当然和曾子提到的“明德”有所不同，有时代内涵和几千年的文化积淀，笔者认为向曾子学习，可以达到以点带面、构建张力结构，创新传承传统文化并指导德育实践的效果，这样的效果在很多先贤那里都可以得到体现，让我们一一看来。

1. “吾日三省吾身”

师者，所以传道授业解惑也。笔者认为韩愈一千年前的这句话有个前提，是“吾日三省吾身”。《论语》开篇孔子就提到了学习和孝道，真是微言大义，孝的作用且不谈，一句话就把学习讲妥了。“学而时习之，不亦说乎？”孔子话里有话，没全讲，可能讲了不能全写，没老师手把手地教只能自己体会了。首先一个意思是学习必须是快乐的事，理应是快乐的事。孔子觉得这事没什么好说的，理所当然。其实这个事还真不能含糊，前人觉得太重要了没必要说，时间长了，后人就觉得不重要了。其实，体会不到快乐的学习还能称之为学习吗？学习和孝道的问题以后再说，回到主题。曾子紧跟其后也谈到了自己的见解，这个就像编者排名一样，有的按姓氏笔画，有的按重要程度，不管怎么安排，曾子的这段话那是相当靠前，当然，我们也不能说《论语》越靠前的话越精辟，毕竟这不是跑步。曾子说：我每天多次反省自己，是不是敬业？是不是诚信？是不是把知识运用于实践。——“吾日三省吾身，为人谋而不忠乎？与朋友交而不信乎？传而不习乎？”曾子的反省态度让人佩服，他不是开会反省，不是写材料反省，他是每天自己就反省，自己待着其实就是内在，和人相处就是外在，曾子这是在内外兼修，有点君子慎独的意味在里面，慎独在《大学》里面提到，后来曾子的弟子子思的《中庸》里又提到，看来弟子对于曾子的话体会很深。曾子反省的内容很有意思，放在今天他反省的是工作学习情况、个人诚信信用情况和实践动手能力情况。要不说儒学即生活呢，都是实在事，今天的人们是不是也应该考虑和反思自己的这三个方面，那真是见仁见智，就算和曾子同期的人们也不必必须是这三件事，其实重要的是反省的态度。这种反省自身不是一时，也不是一个方面，而是常态化、全面化。德育工作开始之前要先反省，不仅仅是因为“亲其师，信其道”，很多时候德育工作不是为了让学生与老师的“道”走到一起，而是率先垂范，“身教胜于言传”。第二方面的原因，是反省自身、完善自身是教师个人成熟的需要，代表的是愿意承担责任，无论对个人、家庭、社会、国家而言都必须做到不断反省。

反省之一：自己的工作和学习是否称得上一个“师者”。很多德育教师都承担上课的任务，听过一个老教师讲：给学生一杯水，自己需要有一桶水。大学毕业前实习，第一次上讲台没有经验，准备了好久的材料，半小时就讲完了，尴尬不尴尬是小事，对不起学生交的学费啊。工作之后每次上课都很紧张，因为总觉得自己准备得不充分。常常跟学生开玩笑说：让我敬畏的不仅是头顶的星空和心中的道德准则，还有上课和党务。上课紧张是因为感觉自己永远备课不充分，党务紧张是因为对信仰的敬畏。很多人说德育教师对于教科研不要要求太高，因为他们有太多的时间在学生工作上，这点是正确的。但学习和科研的态度必须是一样，也就是必须有这样的追求并为之付出努力。让学生干部把会议记录记好，自己的会议记录记得一团糟；让学生处理事情一定仔细点、条理点，自己处理问题粗线条、不讲细节。这样开展德育工作有时会起到反作用，辅导员里面流传着一句话：谁的学生像谁。这里的“像”指的是工作、学习作风。

案例分析及解读：反面的教材比正面的例子更有警示作用。真正重视科研是在评副教授的阶段，评讲师总感觉大家差距不大，而且因为评的比较早，所以难度不大。评副教授的第一年，因为教研方面的条件被卡下来了，自己没有好好重视，第二年完成了教研部分再次参评，在最后的评审环节，分数不如其他老师，再次落选，这一次自己依然没有好好重视，之后的一年家中发生变故，自己分身乏术错过了一年，等再参评并落选时自己的差距已经很大了。这次落选对自己的震撼很大，反思了没多久就找到了问题的症结。自己把学生时代的“学”的习惯忘掉了，工作之后竟然没有认认真真地做过教科研，做的都是些肤浅表面的东西，文章也好课题也罢，有而不精、粗制滥造。做学生工作就可以解释教科研不行的问题吗，同事给了很好的答案，他们的教科研很出色，学生工作也名列前茅，他们保持了从上学就养成的“学”的好习惯，上班之后，在工作繁忙的空闲时间，不忘真正地用心地在学、在研。评职的事情过去了，评职的路还很长，失败给我最大的收获不是之后能不能评上职称，而是让我回想起“学习”二字，并重新找到了它带给我的收获和快乐，世界再次在我面前表现的繁复多彩，油盐酱醋的日常生活也不再是简单的重复，获得让每天不同，同学生交流的时候流畅了许多，希望不断提醒自己以后不要再忘了这个好习惯。

反省之二：自己的身体能不能符合德育工作的要求。德育工作者往往“五加二”“白加黑”，两眼一睁忙到熄灯是工作常态。有的教师身体条件不错，但生活习惯不好，有抽烟、酗酒的情况，有的人会感觉这与管理学生没有关系，其实不然。抽烟、喝酒这样的习惯会潜移默化地影响到学生，不抽烟的学生学会了抽烟，抽烟的学生上瘾了是常有的事，喝酒也是同样的道理。不良的生活习惯，不只会影响学生，其实首先影响的是教师本人。身体上的不适有时不是反映到人体健康，而是在没有察觉的情况下反映到心理状态上。暴躁的脾气、忧郁的气质、冷漠的态度，是不是考虑一下不良的生活习惯。有人说，抽烟、喝酒一样活到九十九。可能会出现类似的情况，存活的时间不是衡量生命的唯一标准，除了价值之外，还有一个叫“质量”。这种质量的下降，越往后越明显，体现了自控力和责任感的认知程度。

反省之三：自己世界观、价值观和人生观是否符合要求。三观放在反省的第三个方面不是不重要，而是最重要。德育教师多数都是党员，党员就应该有信仰——共产主义信仰；应该以党员的标准来要求自己，用价值观和人生观看待和衡量问题的时候必须符合党员的标准。三观的内容也应该与时俱进，对党的理论认知和了解要及时跟进，学会用最新的理论武装自己和指导工作。中国共产党不仅仅是执政党，还是每个党员、每个德育教师的方向引领，这既不是套话也不是虚言，是必须坚定不移坚持的原则。有的国外舆论声称中国是个没有信仰的国度，这是他们不了解中国文化，德育教师必须要了解本国的文化。用一个浅显的例子来说明中国人的信仰。中国古人信仰“仁义礼智信、温良恭俭让”，信仰“儒道释”。到了现代，中国人依然有信仰，我们的信仰不是特指党员的信仰，而是每一个人的信仰。那就是社会主义核心价值观，其中的三个层面都是我们的信仰。核心价值观指出人的信仰不仅仅有个人层面，还应该有国家和社会层面；一个社会和国家本身也人性化地应该有信仰。从个人层面来讲，有四个主要的信仰：爱国、敬业、诚信、友善。放在德育教师身上很贴切，那么放到学生身上呢？学生的“爱国”包括马列基础课、思政类报告、党团员组织生活等；“敬业”包括学习、学生干部工作、专业等；“诚信”包括考试诚信、工作诚信、做人诚信等；“友善”包括志愿服务、义务工作等。德育教师从这个层面上讲，不仅仅是一个坚定的信仰者，更应该是一个坚定的传播者和耐心的信仰解释者。这是个人、社会、国家三个层面对德育教师的要求，是这项工作的责任，德育不仅仅是“德”，重点是育的结果应该包括信仰。

2. “大学之道”

德育教师对“大学之道”要有自己的理解，每个德育教师的“大学之道”又不尽相同。曾子当时也算是最高学府毕业的学生，自己又留校当起了老师。他理解的“大学之道”是：在明明德，在亲民，在止于至善。话不多，理至深，通俗点就是品德、创新和完善，这几点放在今天也很新鲜。“大众创业、万众创新”近几年才开始大力倡导和推进的，当然，学习古人、通读经典，也不能忘记时代的不同，笔者借鉴曾子“大学之道”，列举自己对德育教师处理关系的思考：德育教师应该注意几种关系的处理，对于分寸的把握和尺度的掌握是处理关系的精髓。

第一种关系：师生关系。德育教师主要工作的对象是学生，处理师生关系是首当其冲的。工作之初，总是感觉很难处理师生关系。刚刚参加工作时，有的学生因为留级或者体校伤退等因素，年龄甚至比老师的年龄都大，这时关系的处理往往因为不熟悉工作而显得拘谨，简单说就是无所适从。随着工作的熟悉，师生关系开始变得紧密，常常会出现哥们、兄弟相称。一起吃饭、喝酒，一起逛街购物都会出现，这样的关系在德育工作中会出现磨不开面子，网开一面等情况。更严重的情况，会导致德育教师自身的决定受到学生的影响和左右，在违纪处理、各类评选中，如果情况相同，不违反原则的情况下，有时会受到关系亲近的学生影响。久而久之，德育教师自身会有掣肘的感觉。曾经有一个学生干部感觉到和老师关系很好，给自己加封了一个“级长”的荣誉称号，就是年级之长。当然，师生关系融洽会让工作开展顺利，执行力也会好很多。师生关系的第三个阶段是两者界限清楚。亲切的关心关怀一样不少，但底线原则很鲜明。生活中融洽的关系同时带有工作的底线，不再是生活工作各有各的底线。违纪处理时无论是谁，底线是必须起到教育引导和警示作用；评选评优无论是谁，必须符合基本条件达到榜样带头作用。

第二种关系：同事关系。同事关系和师生关系同样都是无法选择的。德育教师常常教育学生要处理好与同学、舍友之间的关系，到自己身上有时就不太注意。同事因为常常工作在一起，难免会出现小摩擦。“傲慢与偏见”不可避免的情况下，如何看待和处理同事关系是门学问。笔者认为应该把握几个原则：首先，年轻人出现矛盾很正常，有矛盾就解决，追根溯源意义不大，这类事件的发生真正分得清对错的意义远远小于关系重归于好。矛盾的影响和传播必须控制在可控范围之内，当然是越小越好。年龄增大后再出现矛盾就需要反思一下了，自己对于脾气的控制和冷处理事情的能力。其次，不要轻易给同事“贴标签”。曾经出现过因为说话和做事就给某些同事下定义的情况，而如果不是自己改变了这样一种习惯，可能这样的定义会一生如影随形。一言以蔽之，同事们也许不是你想象的那种人。时间长了会发现，其实大家都差不多，同样的学历层次和知识架构，工作性质、工作内容类似，同事们和自己的区别不会很大。所以，人前事后给出某某同事不行或做人不行的定义还是慎重再慎重吧。

第三种关系：上下级关系。上下级关系的处理，德育教师经常是被动的一方，当然是因为领导与被领导的关系所致。这里的上下级关系主要是指工作中需要注意的几个原则。首先是汇报原则。几乎每一个领导都曾经提到过：这个责任你担不了，你及时汇报了，领导知情并且及时处理，这样就不是你的责任。这里有没有责任问题，我们不去讨论，及时汇报是一个很好的工作习惯。汇报也是沟通的一种，沟通让人与人之间的距离拉近，沟通是工作的润滑剂。当然也有上文提到的，如果工作出现变故或突发情况，本身处理不了或应该多部门处理，那么还是应该及时汇报。这个汇报的原则和能力需要变成一种习惯，事情不分大小，有汇报的必要就不要怕麻烦和省略掉。其次是换位思考原则。不是每一件事都需要上级处理，那样就不需要下级了，但有的事情需要用上级的思维去考虑问题，再决定事情的处理方式和办法。也就是要常常站在学校、系院的角度看问题，而不是仅仅站在团总支或学生科的角度。这一原则在教科研方面体现得很明显，课题立项、论文发表相对容易的都是站在全局看问题，掌握最新动态提建议，德育工作也是如此，着眼身边不如放眼窗外。最后是积极承担的原则。遇到困难或者没什么好处的工作，很多人都会躲着走，嘴里说着：干得越多，错得越多。中国古人说得好，吃亏就是赚便宜。这里不是强调有没有便宜可以赚，而是积极承担工作就是处理上下级关系的诀窍，是不是分内的工作不重要，多干了工作会被人看轻也不是什么真理，在能力范围之内，工作任务应该多承担些，这个原则所蕴含的道理往往需要积极承担之后才能体会到，它不是所谓的讨好什么人，而是工作本身就是锻炼个人，越大的困难和挫折越让人成长，温室里面出不了参天大树就是这个道理。

二、新形势下的大学生

（一）大学生线上线下的道德失范问题

大学生处于青年时期，品德发展的明显特点是成熟性。但是由于学校德育低效问题、学生心理不健康问题的广泛存在，以及社会性因素的影响，相当多的大学生道德发展水平滞后，道德行为失范。当代大学生道德失范的主要表现在以下几方面。

1. 社会责任感淡漠，价值取向存在偏差

在任何社会中，社会责任感是社会前进的精神支撑力之一，是先进阶层实现自己的社会历史使命的必要条件。时代在前进，社会在发展，当代大学生的主体意识明显增强，然而有相当一部分大学生的社会责任感却没有因为主体意识的增强而增强，反而呈现出缺乏社会责任感的倾向，价值取向存在偏差。有资料显示，大学生中有45.2%的人感到自己当前最缺乏的是社会责任感。① 其主要表现是：一是强调个人理想，忽视社会共同理想。认为社会理想太远、太大、太空，与个人关联不大，而个人的现实生活才是最为实惠的。二是社会价值取向普遍较低。大学生应该是以爱护他人、关怀他人为高尚的职责，以奉献社会为最大的快乐。然而现实并非如此，有关资料曾对大学生审美价值、政治价值、理论价值、经济价值、社会价值、宗教价值六种价值取向做调查，结果显示，社会价值取向偏低，居六种价值取向的第五位。② 三是过分注重物质利益，缺乏精神追求。一些大学生受拜金主义影响，过分夸大金钱的作用。部分学生的道德天平在"求利"的引导下倾向自身利益，期望和追求满足，物质和金钱成为衡量一个人价值的标准。一些大学毕业生在择业时，不是考虑发挥自己的专长，而是特别注重单位的经济效益和个人的物质利益。

2. 社会公德素养较差

社会公德是指一定社会的全体成员为了维护人类社会共同生活关系公共生活关系，调节整个社会的道德秩序而必须共同遵循的基本的道德要求。它是千百年来人类社会文明的积淀，是社会公共利益与社会共同生活得以维持与发展的需要，也是为大多数社会成员所公认的最简单、最起码的公共生活准则。③ 在当代社会，社会公德已成为一个社会文明进步的标志之一。然而，当代部分大学生在社会公德方面存在着大量的失范现象。在公共卫生方面，部分大学生缺乏公共卫生意识，有些大学生在外非常讲究个人服饰、个人卫生，而寝室里却一片脏乱。遵守公共秩序方面，公共场所大声喧哗、食堂买饭不排队、校园内男女勾肩搭背拥抱亲昵等现象时有发生。损害公共财物现象也屡见不鲜，在桌椅上乱写乱画、走廊指示灯被踢碎都是常见的事。

① 彭兰．重视大学生社会责任感的培养［J］．中国青年政治学院学报，1999：26.
② 楚丽霞．网络社会中青少年德行的创造［J］．当代青年研究，2000：25.
③ 依法治国和以德治国方略学习读本［M］．北京：中共党史出版社，2001：43.

3. 学习道德行为失范

在市场经济条件下，大学生学习欲望增强，与大学生自我认识与自我评价和社会趋向一致的变化相联系，大部分大学生已开始按照社会的要求去塑造自己，学习的主动性明显增强，学习目标比较明确，成才意识趋浓，明显跟上社会发展的节拍。然而仍有部分大学生学习目的不明确，认为考上大学之后就应该松一口气，拿文凭是念大学的最终目的，平时学不学无所谓，把大量的时间和精力浪费在睡大觉、逛街、打扑克、打麻将、谈恋爱、上网聊天、打游戏、做生意等方面。平时学习不努力，考试全凭作弊。考试作弊已成为普遍现象并且屡禁不止。

4. 恋爱道德失范

近年来大学校园恋爱现象十分普遍，也存在大量的道德失范问题。一是恋爱目的发生扭曲。有的大学生恋爱不是基于共同的人生理想，也不是要与对方结为终身伴侣，而是仅满足与异性交往的欲望，寻求刺激，填补精神上的空虚；有的大学生恋情已被物化，出于功利目的而找社会上的大款或找家庭经济条件优越的同学；更有甚者还有“一夜情”或色情交易等恶劣现象。二是恋爱观念过于开放，责任意识淡薄。有的大学生对三角恋、多角恋和婚前性行为无所顾忌，脚踩几只船，把恋爱当作一种感情游戏。对性行为缺乏理性控制，更有甚者租房非法同居。三是恋爱过程庸俗化。恋爱中的一些学生不能正确处理学业与爱情的关系，一旦坠入情网就不能自拔，脱离集体，日夜缠绵厮守在一起，花费了大量的时间和精力，学业受到严重影响。恋爱中无视社会公德，在公开场合勾肩搭背，搂搂抱抱，举止有伤风化，破坏了大学校园的神圣与洁净。

5. 网络道德失范

网络道德是从传统道德中延伸出来的一种道德规范，是对由互联网用户和网络组织组成的“网络社会”中，人们通过电子信息网发生的社会行为进行规范和人们之间的关系做出调整的行为规范或伦理准则的总和，是人们在运用网络中表现出来的符合社会需求的价值观、人生观、世界观。

近年来网络发展迅速，大学生网民数量迅速增加，大学生是普遍使用网络的人群，很大一部分学校网络已经连通到学生宿舍，上网已经成为大学生生活的一部分。在网络这个虚拟世界中有些大学生的表现更是有恃无恐。如网络语言不文明，肆意进行人身攻击，随意发表不满言论，散布虚假、不健康的信息，制造传播电脑病毒，偷看他人邮件，充当电脑黑客等。

（二）当代大学生道德失范的原因

当代大学生面临的社会复杂多变，他们的生活方式、道德观念随着社会潮流的变动也发生巨大的变化。当前大学生思想道德状况既是以往热潮在新形势下的继续和发展，又是时代特征的集中反映，其道德失范的原因是多方面的。

1. 市场经济的负面影响

市场经济可能会对大学生产生双重道德效应，即积极的道德效应和消极的道德效应。市场经济提倡“竞争”与“效率”，加强大学生的竞争意识和效率观念，激发他们的进取精神和主体创造性。但市场竞争优胜劣汰，由此容易使一些人走向个人主义、利己主义、功利主义和拜金主义。目前社会上存在着假冒伪劣、坑蒙拐骗、以权谋私、钱权交易、见利忘义等腐败现象，受这些丑恶现象的“影响”，部分大学生过于关注自身生存状况和自我利益的实现而削弱了对崇高道德的追求。在价值取向上，把个人利益放在第一位，集体利益、社会利益次之。

2. 用人单位不注重对人才道德素质的考察

21 世纪，社会需要的是“德才兼备”，全面发展的合格人才。很多大学生希望自己具有健全的人格，追求道德高尚是他们向往的一种人生境界。但是，现在社会上很多用人单位片面追求短期的利益，忽视企业和单位的长远发展，在录用人才时仅仅从企业和单位的经济效益出发，只注重考察人才的知识素质、工作能力，不注重考察人才的道德素质。这也会引起大学生忽视自身的道德修养。

3. 媒体传播内容不健康的信息产生的负面影响

21 世纪是信息时代，大学生的思想道德受传播媒体影响很大。正确的社会舆论有利于提高大学生的思想道德素质，相反则会使大学生的道德向低层次滑坡。根据笔者的调查，有 30% 的学生在网吧上网时，偶尔碰上别人留下的不良东西，有 29% 的学生则回答经常碰到别人上网后留下的不良东西。有 50% 的学生认为不良的媒体文化对自己的品行“有影响”，有 20% 的学生则认为对自己“影响很大”。另外，近些年来，随着我国对外开放的步伐加快，西方文化在中国的传播速度加快。西方文化的侵入，对我国高校的德育教育产生了强烈的冲击。由于缺乏对西方文化的正确评价，有些大学生降低了对自己的道德要求。再次，目前，有些单位和个人为了赚学生的钱，他们在高校附近开设各种录像厅、游艺室，以各种低格调的音像制品吸引大学生，造成一些大学生道德观念上的偏离。有些青年学生自控能力弱，抵制不住外界的诱惑，整天沉溺于低级趣味中，精神萎靡不振，道德堕落。

4. 大学生自身的道德素质不高

中国长期以来，都是实行应试教育，学校为了提高升学率，只重视智育而忽视德育。在小学、中学阶段学生没有得到相应的思想道德教育，有些学生成绩优秀，但道德素质低下。进入大学之后，他们仍然保留着中学的习气，再加上大学生的傲气，我行我素，目中无人，不懂得尊重别人。应试教育对大学生道德素质的先天不足应承担一定的责任。

（三）如何对治当代大学生道德失范问题

造成当代大学生道德失范的诱因是多方面多层次的，它们相互作用、相互影响。因此我们在做学生工作时，应该根据大学生道德失范的各种现象，挖掘出背后的缘由，采取有力的措施加以防范和矫正。

1. 营造良好的社会道德教育环境

形势政策教育是思想政治教育的重要内容和途径，要紧密结合国际国内形势的变化，结合学生思想实际和关注的热点、焦点问题，有针对性地进行党的基本理论教育；进行我国改革开放和社会主义现代化建设的形势、任务和发展成就教育；进行党和国家重大方针政策、重大活动和重大改革措施教育；进行国际形势和我国的对外政策教育，引导学生全面准确地理解党的路线、方针和政策，从而使大学生看到社会发展的远景，进而尽可能地消除社会大环境所产生的消极影响。对青年学生进行西方道德观、道德准则、道德体系的形成发展等方面的介绍，可以加深大学生对西方道德的全面认识和了解，提高辨别良莠的能力。而对于西方社会的一些没落的道德观，甚至连西方社会自己都在摒弃的一些道德观，要引导青年学生认清和摒弃。

2. 优化学校道德育人环境，加强思想政治理论课建设

要按照 16 号文件的精神，全面加强思想政治理论课的学科建设、课程建设、教材建设、教师队伍建设和教学改革，进一步推动邓小平理论和“三个代表”重要思想进教材、进课堂、进大学生头脑工作。努力营造教书育人、管理育人、服务育人的全员育人氛围，为大学生健康成长创造良好环境。所有教师都负有育人的职责。每个教师都必须为人师表，教书育人。健全干部管理育人的工作制度，学校各级党政干部和共青团干部是大学生思想政治教育工作队伍的主体，担负着学生思想政治教育的组织、协调、实施的重要责任。切实提高后勤服务水平和质量，学校后勤部门和后勤职工担负着服务育人的重要责任。主动占领网络思想政治教育新阵地。必须加强对互联网的疏导和管理，要把校园网络建设成为传播先进文化和弘扬主旋律的重要渠道。加强大学生思想政治教育的重要阵地和全面服务大学生的重要平台。应该将网络道德教育纳入学校德育的范畴，在“思想道德修养”“法律基础”等课程中增加网络道德、网上法律、法规教育等内容。不断健全和完善各种规章制度，努力使学生管理工作迈上科学化、系统化和制度化的轨道，严格照章办事，绝不“徇私枉法”，旗帜鲜明地扶正压邪，使大学生们在一定的纪律约束下健康成长。

3. 强化以大学生为主体的德育，掌握大学生心理特征，深入开展大学

生心理健康教育

要把大学生心理健康教育和咨询工作纳入学校思想政治教育体系，不断完善和健全心理健康教育的工作机制，建立教育、指导、咨询与服务相结合的心理健康教育工作网络。改善教学方法，树立道德自律意识。根据笔者的初步体会，工作中应该以情感人，通情达理；尊重学生，善于激励；形式多样，注重实效。建立大学生诚信机制。高校工作者应该考虑采用一定的方法来建立大学生诚信机制，比如为了让用人单位放心接纳大学生，高校应为每一位在校大学生建立一份信用档案，并引入社会个人信用联合诚信系统，建立统一的数据库管理查询系统。① 坚持解决思想问题和解决实际问题相结合。深入学生实际，突出抓好学习困难群体、经济困难群体以及其他特殊个体的教育和帮扶工作，对他们的思想、学习和生活给予更多的关心，帮助他们解决实际困难。

三、应用型大学生新型的师生关系探析

学徒制我国古已有之，师傅和徒弟之间手艺代代相传，传统的师徒关系和现代的师徒关系有很大的不同，我国最早的师徒关系出自手工行业的技术传承，徒弟的入行出师都有一定之规。随着时代的发展，师徒的关系渗透入各行各业。新中国成立之后，为了提高生产水平和技术水平，1950年6月，当时的政务院下发《关于开展职工业余教育的指示》。通过奖励和报酬的方式鼓励有经验的劳动者担当教员，让他们培养学徒，截至1965年年底，全国半工农半读学校在校生超过126万人。2010年，在教育部支持下江西新余成为我国第一个现代学徒制的试点城市。② 而在西方，现代学徒制开始于二战之后，现代学徒制是传统与现代的结合，具有以下几个

---

① 叶文明，张永峰．以德修身，塑造新世纪大学生形象［J］．四川轻化工学院学报，2002：64.

② 潘宇峰，吴刚．地方高校产学研合作现状及战略思考［J］．黑龙江高教研究，2015：75.

特点：一是在国家法律法制管理的范畴之内，是国家的经济发展战略，除了涉及国家、师傅和徒弟之外，现代学徒制运行机制规范复杂，包括了企业、工会、中介机构和监管指导机构等。现代学徒在教学方面一般采用校企合作的方式开展，学生普遍工学结合，西方的现代学徒制企业本位体现得更加明显，在校学习的比重相对较轻，学徒制与职业资格体系融合紧密。

我国应用型高校目前还没有正式引入现代学徒制，只是在职业院校等与企业结合紧密的教育机构开始试点。随着应用型高校的转型，服务地方和技术人才培养的目标与现代学徒制具有内在契合性，现在学徒制在应用型高校的适用将成为现实，这一点在西方很多高校已经得到了印证。我国应用型本科院校产生于高教改革和高校扩招大潮，目前全国普通本科高校中有一半在逐步向应用型本科院校转型，实践教学及人才培养是转型的关键，目的是突出应用的特征。订单培养、校企合作是应用型本科院校在实践教学方面进行的转型尝试，现代学徒制是校企合作的升级完善版，它可以为应用型转型提供多方面的借鉴，值得将其深入研究实践并实现其在应用型本科院校的运用。

（一）应用型本科院校推行现代学徒制的现状分析

应用型本科院校近年来大力推行校企合作、联合办学和订单式培养，这些都是现代学徒制的 1.0 版本，可以说是对现代学徒制的一种预热。对于推行现代学徒制，应用型本科院校有其自身独特的涵育优势和转型需要，应当借鉴职业教育现代学徒制试点推广的经验，积极引入现代学徒制教育就业模式，实现应用型软着陆。传统学徒指的是从师受业的学生，在我国古代手工行业师徒传承中的受教方就是这个称谓。现代学徒被时代和法律赋予了与传统迥异的内涵和形式，现代学徒制公认为成型于二战后的德国，其代表是《联邦职业教育法》及其配套法律规范保障下的双元制。① 双元制的“双元”指的是职业教育学校和企业。不莱梅大学的教授菲力克斯．劳耐尔曾推崇双元制是德国二战之后重新崛起的关键。双元制为代表的现代学徒制解决了培养高水平技术人才和降低人力资源成本两大问题，拓宽了学生自主选择、逐级学习甚至终身学习的渠道，将理论知识和一线实践打通，其经验和范式十分值得借鉴。我国的学徒制改革一直在稳步推进，但现代学徒制还处在起步阶段，《中华人民共和国职业教育法》直到20世纪末才完成修订实施，现代学徒制的政策完善、“校热企冷”、人才培养等问题还亟待解决。

（二）应用型本科院校推行现代学徒制的优势分析

1. 导向优势

国家大力倡导学校与外界的合作教育，“卓越工程师教育培养计划”就是个很好的例子。应用型本科院校多位于地市级城市，属于合并升格后产生，其前身多为地方专科院校、技校、师范等性质的学校，很多本身带有职业教育的背景，随着应用型转型的路向铺展，这些学校多制定了服务地方和培养复合应用人才、高水平技术人才的发展战略，这就需要与地方政治、经济、文化，特别是与企业互利共赢、双向介入，走产学研用之路。除了应用型人才培养之外，服务地方是应用型本科院校的又一根本属性，服务地方必然要服务地方就业，科学设计并融合第一课堂、第二课堂的课题体系，面向企业实习、实践、培训、培养，转变学生就业观念非常必要。现代学徒制与应用型本科院校的应用型人才培养和服务地方职能，在结合方式、互利模式、培养目标、课程要求和实施原则上都有深层的契合性。

2. 专业优势

随着“互联网＋”、大数据时代等浪潮的影响，新兴行业不断产生，企业对创新、创造以及复合型人才的需要不断加深，企业自身培养能力有

---

① 王振洪，成军．现代学徒制：高技能人才培养新范式［J］．中国高教研究，2012：94.

限，人才队伍建设需要学校给予平台支持、培训帮持和科研扶持。应用型本科院校办学具有开放性、适切性，利用其后发优势在专业调整转向上相对灵活快速。

3. 科研优势

我国正在全面建设创新型国家，应用型本科院校具有天然为地方提供科技服务的职能，其服务主体在地方，科技需要主体同样在地方，指向鲜明的科研属性有利于学校态度主动、政府牵头带动、企业利益驱动。

（三）应用型本科院校推行现代学徒制存在的瓶颈

1. 实施主体的认识瓶颈

现代学徒制涉及方方面面的机构和群体，有政府机构、企业、学校、指导教师、学生、中介机构、监管指导机构等。从政府到社会各界对现代学徒制都缺乏深刻的了解，长期以来重理论知识、轻实践操作的思想占主流。① 学校和企业参与现代学徒制的热情都不高，企业没有看到实实在在的利益，学校则不想随便把教学和培养工作割裂出一部分给企业。企业担心学徒毕业后不在本企业就职，学校担心现代学徒制会带来制度上的改革。教师需要花费更多的精力和时间去从事对自己来说看似非本职的工作。

2. 政策、机制上的瓶颈

政策方面目前缺乏现代学徒制的制度设计，宏观的政策性文件有，具体的法律规定不清。对于各级机构和实施人员的激励机制欠缺，企业、机构和个人在缺乏社会责任感和公民意识的时候，没有奖励和激励机制的情况下，想要激发主动性来实现现代学徒制是难以想象的。

3. 配套评价和等级考核制度存在瓶颈

在具体实施阶段缺乏评价和等级考核制度，一旦出现两个教育主体，那么学校和企业都有可能因为责任分工不清而不再去操心，评价机制和考

① 陈小虎，杨祥．新型应用型本科院校发展的 14 个基本问题［J］．中国大学教育，2013：18.

核制度的不完善让顶岗实习变了味道，企业出具证明就算是学生顶岗实习合格的证据，指导教师签了字就算是实践教学学分。双主体过程管理的缺位导致了校企合作难以推进，实习和现代学徒制的开展基础薄弱。四是企业选择的瓶颈。现代学徒制关键在校企联合培养，而企业又是其中最重要的一环，可以说企业是现代学徒制成功的一半。在选择企业时首先要改变一个误区，企业也需要挑选。有的学校认为能有企业愿意浪费时间、人力和物力开展这项工作就不错了，有什么资格对企业挑挑拣拣。所以有时专业不完全对路、交通距离不完全合适、学生实习的学期不完全符合教学大纲都不是问题。其实，找对合适的企业，不仅不会给企业经营制造麻烦，反而会帮助企业解决科研、经营和人力资源上的问题。在选择企业的时候也要考虑到企业对于学生的就业吸引力。有些小型企业本身愿意参与到现代学徒制的校企合作之中，其初衷可能只是为了企业招聘，但企业的福利和给员工提供的个人发展路径没有足够的吸引力把培养的学生留下。这样的现代学徒制徒有其表，没有达到真正的目标，从长远来看企业参与了还是会离开。同时要考虑的是企业的学徒培育能力，有没有足够的人员、设备、企业培训体系来完成校企合作以及学徒培养的计划和任务。如果不具备这些条件，空有满腔热情，无法对教学、培训和实践质量做出保障，必然会损害学生们学习的热情，达不到学习和实训的目的，这样培训结束的学徒又怎能合格。

（四）应用型本科院校推行现代学徒制的对策

1. 学习先进的国外学徒制理念，重视挖掘传统师徒文化

国外的现代学徒制发展多年，从一点点建立到历经磨砺和完善，经历了近百年的时间，中国的现代学徒制刚刚起步，需要理念的理解和融合，需要提高重视、强化宣传，让社会、企业、学生和家长都理解到现代学徒制的优势。同时重视挖掘中国传统文化中的“师徒”文化精髓。从师傅角度的有“师者，所以传道授业解惑也”，从学生角度的有“尊师重道”。传统的师徒文化中，老师是家长是父辈，甚至有“一日为师终身为父”的

说法，这种相敬相爱的尊重令人向往。深入挖掘传统师徒文化的精髓，融合国外多年的实际经验，打造符合我国国情的现代学徒制并进行广泛宣传是提高现代学徒制活力，创新学徒制发展的重要基础。

2. 完善现代学徒制各个环节的相关政策、法律和规定

完善诸如《校企合作促进法》《学徒制培训条例》等适用法律法规，明确各个现代学徒制责任主体的权、责和利。① 在出台具体细化的规章制度时，鼓励企业、机构参与，完善监督和考核机制，为积极参与现代学徒制的企业提供税收、金融和政策上的鼓励，为实习实训教师、企业技术人员、监管人员给予精神和物质奖励。强化行业组织协会的建立和完善，在职业资格证书和岗位培训证书的设立、考核、分段晋级上反复推敲，与市场需求挂钩，与现实要求紧密结合。

3. 建立健全适合我国实际的现代学徒制评价机制

学校和企业双主体的教学管理模式和评价机制需要在不断摸索和实践中完善，双重身份、双元育人、双元管理，尊重了学校、企业和学生的需求和发展，同时带来了实施、规范和机制上的问题。目标考核、过程考核和发展性评价为核心的学习评价机制亟待建立，各级各类评优、评奖为主的激励奖励机制亟待形成，学业标准和学徒标准的双标准体系亟待出台。

第四节 新形势下应用型高校德育工作（一）——安全稳定是德育之本

传统文化和网络文化交织下的应用型高校德育有机遇有挑战，这里将分为德育之本和德育之法两个大的板块，把新形势下安全稳定和常规工作进行仔细梳理，从而找出应用型高校德育的重点、难点和关注点，希望对

① 桑雷. 中国特色现代学徒制的三维透视：内涵、困境及突破［J］. 职业教育，2016：95.

德育工作者和大学生们起到一点启发和帮助作用。

一、平安校园建设

我国目前正处在社会转型期，各种矛盾凸显，协调难度加大。2005 年 10 月，中央政法委、中央社会治安综合治理委员会联合下发了《关于深入开展平安建设的意见》，强调平安建设作为新形势下加强社会治安综合治理工作的新举措，是构建社会主义和谐社会、促进经济社会协调发展的保障工程。① 作为和谐校园的重要内容，平安校园是实现高校校园健康、文明发展的内在要求和重要保障。

（一）新时期高校平安校园的基本内容

“平安”在《韩非子》解老篇、《世说新语》文学篇和《周礼》中的解释是心境平静安定的意思。在后来的古诗如岑参《逢入京使》、李永周《旅中望月》等是没有事故、没有危险、平稳安全的意思。可以说，这两个方面基本涵盖了平安的内涵，既有内心、内部的安定，又有外部环境的平稳安全。结合“平安”的释义，“平安校园”指的是校园及周边与校园相关的和谐稳定的状态。新时期高校平安校园的基本内容可以从两个方面进行分析：首先是以人为标准，要求平安校园的主体具有安全感、和谐感和诚信感等；其次是以物为标准，要求平安校园的载体具有稳定性、秩序性和一定的可预期性。从这两个方面出发可以发现，平安校园包括多方面的内容，既有思想政治教育、心理健康教育、法制安全教育、诚信感恩教育；又包括组织建设、队伍建设、网络建设、设施建设等。

（二）新时期高校平安校园建设形势分析

新时期高校逐步出现园林化、数字化、大众化、城市化等时代特点，平安校园在多种因素的冲击下不可避免地出现封闭性与开放性相统一、独立性与服务性相统一、遵循共性与尊重个性相统一等特点。

---

① 于越，王艳．高校校园安全防控体系综述［J］．经济师，2009（10）：90.

1. 封闭性与开放性相统一

封闭与开放既是指校园又是指信息。开放的社会化建设、服务化建设是新时期高校适应社会发展的必然结果，一定程度上的封闭性则是高校与生俱来的品性，过去的“象牙塔”既有关起门来琅琅的读书声，也有了“走出去、请进来”的脚步声。信息的发展跟随着科学技术的突飞猛进，逐渐成为社会深刻变革的主力。随着网络的贯通，数字化、信息化浪潮涌动，高校信息、高校网络建设日新月异，如通过几千个信息点的网络综合布线，就可以实现校区通过网络终端连入校园网和因特网。Wi－Fi、WLAN 等技术让上网、信息的交换变得毫无压力。① 信息从某种意义上走到了时代的风口浪尖，对其进行规范化、秩序化既是挑战也是必然。

2. 独立性与服务性相统一

高校建设涉及方方面面，然而其根本还是教学和科研，无论是教学场所、实验场所、运动场所，首要的出发点依然是具有独立性。作为高校而言，有其自身的发展战略，服务性在很多时候体现不足，如学生的饮食安全、交通安全、运动安全和网络安全等。经费的投入、物力人力的投入不能简单地用办学理念来解释，实际情况是服务性的比重到底占了多少。大学生就业指导和大学生职业生涯规划课成为大学生公共必修课程之一，这在一定程度上体现了高校在服务性上的倾斜。从学生就业、择业的角度出发，解决学生的困惑，排解家长的焦虑，用不同方式得到用人单位的反馈意见，这都体现了办学理念的进步。从利用自身优势解决地方科研短板到今天的用专业角度解决就业的难题；从过去粗放的设备投入，到现在的信息技术护航平安校园，视频监控数据链再造、安保力量定位调度、消防设备设施电脑监控、实名制门禁管理等。如今的高校平安校园建设处处彰显着信息技术的飞速发展，和同样飞速完善的高校办学理念。

---

① 邱显清，高海滨. 信息技术护航平安校园［J］. 中国教育信息化，2012（07）：22.

3. 遵循共性与尊重个性相统一

平安校园的建设离不开制度的完善，制度是共同遵守的办事规程或行动准则，是实现功能性和目标性的规范体系。制度和制约、限制分不开，新形势各种因素的冲击下，高校的制度也在痛苦地推陈出新。学生自主意识、维权意识不断增强，制度的建设往往与之发生摩擦。高校学生具有完全的民事行为能力，可以独立进行民事活动，同时也应该看到学生缺乏必要的社会阅历、人生阅历，对待事情和处理问题时受到不成熟世界观、价值观和人生观的影响。①

（三）新时期高校平安校园建设对策研究

“十二五”开局，国家调低了经济增长预期，这是发展理念的提升，反观我们的平安校园建设是不是也应该慢下来做出一些改变，顺便总结一下得失。品牌来源于历史，历史依赖于文化。平安校园建设要有自己的文化才能形成品牌效应，文化需要沉淀才能去粗取精。朝令夕改的制度、走马观花似的活动名目、日程表上满满的事务性工作，平安校园建设不全是能看到的，也不全是立竿见影的，急功近利只能得到表面的光鲜不能实现标本兼治。同时，平安校园建设也需要一个过程让每个方面都逐步完善，而不是每个方面都要一次性成型。

1. 人的因素

新时期高校平安校园建设中首要的环节就是人的因素，这主要体现在人的自我教育、自我管理和自我实现上。马克思主义哲学认为，意识具有能动作用，符合客观规律的意识活动对事物发展起促进作用。② 思想是行动的指南，思想对内心活动有重要的影响，在平安校园建设中必须要做好宣传教育，用先进的思想指引人，用负面事件教育人才能使其时刻注意遵守法律和规章制度。同时，很多事件都是由心理问题引起的，因而切实解

---

① 叶芳，林静，丁芳盛．“平安校园”新论［J］．浙江国际海运职业技术学院学报，2007（02）：31.

② 宋明钧．高校平安校园建设的对策与思考［J］．浙江工商大学学报，2006（2）：21.

决好人的心理健康和疏导问题也是平安校园建设的重要组成部分。

2. 技术因素

随着越来越多的大学遵从开放式办学理念，校园管理的压力和复杂度迅速攀升。高校人口密度大、资源集中度高、师生防范意识较薄弱，使得校园成为盗窃、诈骗等犯罪活动的多发区域。信息技术飞速发展的时代，技术因素成为人的有力辅助，单单依靠人的力量很难做到与技术手段和社会发展相抗衡。① 把信息技术作为抓手，加强校园安全管理从而推进平安校园建设是高校亟待解决的问题。应急事件的处理：建立完善的应急预案，同时开展应急演练是高校平安校园建设必不可少的环节。这既体现了制度化建设，又从组织上、责任上、任务上对工作目标和具体组织管理进行明确。它是多种力量的合力，而不是简单叠加。应急机制的建立和完善是管理机制的重要组成，同时配备监测、预报和快速反应系统，完备信息发布、共享和使用制度，最终为高校平安校园建设构筑一道防范严密的安全网。

二、学生安全案例与分析

学生安全的重要性不言而喻，安全的弦也是越拉越紧，安全排查从未中断，而且越来越严格，但俗话说得好：小心无大错。让我们仔细梳理一下学生安全。学生安全内容宽泛，从空间上来分包括校内安全和校外安全；从时间上来分包括教学时间安全和非教学时间安全；从具体的种类来说包括财物安全、人身安全、交通安全、网络安全、就业创业安全等；从场所来分包括宿舍安全、教室安全、实验室安全、场地安全等。针对学生安全开展的教育包括：①排查类。学生安全隐患排查内容多、种类多，包括宿舍、教室、实验室、管制刀具、明火器具、大功率电器、乱拉乱扯电线、水电使用不规范等。②讲座类。如女生教育、交通安全教育、网络安

① 茹庆德．平安校园建设问题对策［J］．平原大学学报，2006（06）：26.

全教育等。③随堂讲授类。如就业创业安全教育在大学生就业指导、大学生职业生涯规划课程里面都有涉及。④日常思想教育类。除了平常的会议、面谈，关键的节点、节日和事件前后，有针对性地开展思想教育，是学生安全教育的主要组成部分。⑤网络教育。通过新媒体手段，利用微信平台、微博、博客、群组，开展学生安全教育。

学生安全教育的原则如下。

（一）常态化原则

常态化的意思就是正常状态，也有保持一个固定姿态或形态的意思。学生安全教育不是一时一地的事情，它贯穿学校从入学到毕业的每一个时间节点和每一个学生活动场所，不容一刻忽视和懈怠。要做到常态化就要坚持思想上不放松、工作上不放手、措施上不放水。学生安全是一切工作开展的基础之一，一旦出现安全问题，其他工作都做不了，只能是处理安全问题，工作无暇他顾还在其次，主要是难以面对家长的信任。工作措施要做到全覆盖，在自己的能力范围内，面上控制的同时，强调重点的安全隐患排查，对于安全问题频发的部分尽最大努力做到杜绝。

案例概述及处理（1）：如宿舍内用电用水安全。宿舍内用电用水一直是学生宿舍安全的重点，随着大学生电器设备种类的增加，用电量和插座用量都在增加，学生公寓常常会出现各类用电问题。如乱拉乱扯电线、网线，使用劣质电器、大功率电器，不规范使用电器等。学生宿舍的插座数量少，在不够用的情况，学生会大量串联插排，为了贪图便宜，很多插排质量不过关，串联的插排有时会放在床上或书桌上，这些都是安全隐患。检查这些问题必须做到常态化，因为这些现象随机性、季节性都很强，夏天有电风扇、水空调，冬天有电热毯、热得快，没有常态化的压力，时间一长，每个宿舍都有出现这些问题的可能，超负荷运转下，电路损坏是小事，发生事故是大事。

（二）技术手段与人力结合的原则

学生安全的处理应该把技术手段和人力结合起来，能够用技术手段达到的，不要依赖人的自觉和教师的思想教育。如杜绝大功率电器可以采用电源跳闸的方式，杜绝宿舍吸烟可以采用烟雾报警器的方式等。该做好的思想工作和排查工作还是要做，但根据墨菲定律，有些事情还是不可避免，出现问题某种意义来说是不可控的。我们只能努力地用技术手段去杜绝可能，用人力手段去降低可能，不要过分夸大人力的作用，过分低估技术的作用，当然，反之也不可取。

案例概述及处理（2）：门禁系统和楼层监控系统。目前使用比较多的是楼层监控系统，即每个楼层都有 2 ~ 4 个摄像头形成宿舍楼道的监控视野，楼层外围根据楼层安装摄像头，监控楼层外围情况。楼层监控系统因为摄像头像素和采光等问题，监控的效果有好有坏。门禁系统可以和学生一卡通结合起来，学生出入宿舍楼需要刷门禁卡方可出入，但门禁系统只是对宿舍正门进行管理，无法管理其他楼层。这两个技术平台的结合可以很好地解决学生宿舍安全问题。要考虑到系统和平台的使用需要与人员管理相结合，同学们是否遵守门禁卡使用规定，有没有借给其他人使用和违规使用的情况，门禁卡丢失、挂失和补办如何开展；监控系统不清晰的情况下，是否可以通过不同系院开展人员排查来弥补。这些都是技术手段和人力结合的案例。

（三）拓展网络教育平台原则

网络教育有覆盖面广、手段新颖易接受等特点。传统枯燥的思想教育手段，已经被学生熟悉、麻木了，他们的反应普遍冷淡，听过就忘。新媒体范畴内的网络安全教育有视频、有图片，有一个个鲜活的例子和教训，同学们愿意看，也更加直观。微信朋友圈、微博评论转载等功能让大家在看到的同时，还能在线交流，不再局限于一个宿舍、一个班甚至一个年级，网络教育平台的受众面广，效果明显，是未来的学生安全教育的主阵地之一。

（四）反思与建立长效机制

学生安全问题接触过不少，有交通安全事故、财务诈骗、就业安全等。安全问题出现和解决之后，最重要的不是后悔而是反思。反思的结果必然是总结，总结安全问题发生的根源，需要什么样的条件才能产生这样的安全问题，反思的结果必须要指导工作的开展。机制尤其是长效机制的建立，是反思和总结之后的工作，工作机制是一种约束，它界定了工作开展的方方面面。学生安全问题尤其需要在问题中反思，在总结中建立长效机制，只有这样才能有效地防范和杜绝类似事件的发生。

案例：国内外踩踏事件惨烈而发人深省，如 2013 年在科特迪瓦发生的踩踏事件，60 余人不幸遇难；2010 年柬埔寨发生的踩踏事件，400 余人死亡。高校在校大学生经过多年的扩招，几万在校生的学校比比皆是，如何有效地防范类似踩踏事件，是值得深入研究和反思的。各高校应该都有《大型活动应急预案》，这一类的预案里面就需要对踩踏事件做出详细的规定。例如，人数在什么数值范围的，需要安排多少维持秩序的人员；人数在哪个数值阶段的，需要开放几个出入口；开会或者活动的会场疏散通道的排查等。

三、学生打架斗殴案例与分析

学生打架事件在某些系院频发，与管理制度和系院学生风气有关，有的很少出现打架，有的就常常出现，而且时有恶劣情况出现。暴力是人性最后的选择，打架的那一刻是理智丧失的一刻，有的打架只是因为“在人群中多看了你一眼”，有的打架积怨已久、预谋已久，不管何种情况，学生打架容易出现恶性结果，是需要小心处理和及时总结的一类事件。

（一）学生打架的大体分类

1. 单打独斗

两个同学，有男生之间、女生之间和男女生之间的打架；有校园内、教室内、宿舍内、食堂内打架；有校外打架、校内打架。参与人员只有两人，人员构成十分简单，一般情况下不会出现严重的伤害。

2. 群殴

两个以上同学的打架斗殴。人员构成相对复杂，可能是现场人员组成，也可能是临时叫来的，或者是预先联络好的。可能是两群人之间的，也可能是一群人和一个人之间的。群殴的事件如果不及时阻止，很容易出现恶性事件。

3. 恶性斗殴

不限定人数出现的恶性斗殴事件。包括伤害严重和影响严重两种，有的斗殴可能只有两个人，但其中出现了伤残级别及以上的伤害；有的没有严重的伤害情况，但人员众多，影响极其恶劣；有的人员不多，但有校外黑恶势力参与，在学生中影响恶劣。

4. 法律层面的斗殴

事件无法通过调解解决，双方都坚持自己的主张，只能诉诸法律解决的打架斗殴事件。

（二）高校学生打架事件的处理建议

1. 冷处理原则

不管何种级别的打架，都需要先冷静下来再处理。从速处理是处理打架的一个误区，教师在上报上级和有关部门的基础上，根据指示开展工作，无论是被要求控制场面，还是被要求控制学生，都要遵循不要激化矛盾的原则。不要简单定论打架事件的对错，应该以了解双方掌握的信息为主，如果双方情绪平复可以开展下一阶段的工作，如果情绪激动建议暂时不要采取下一阶段的工作，如联系家长、批评教育等。

案例概述及处理（1）：刚刚参加工作很长一段时间都是风风火火的处事风格，处理打架用这样的套路可不行。一名女生和宿舍另外两名女生发生矛盾，晚上回宿舍被锁在了门外，急性子的女生踹开了房门，一场打架不可避免，得知这件事和处理这件事都是在很短的时间内，本着先惹事的一方为主要责任的原则，狠狠地批评了关门的两个女生，写检讨、通报批评一通处理，因为矛盾已久也不知道谁对谁错了，所以没有更加仔细地询问，直接做出了处理。没想到这更加激化了宿舍的矛盾，到最后双方已经势同水火，最终通过调整宿舍才彻底解决了这件事。后来梳理整个事件并反思，关门一方确实存在错误，但是没有在双方冷静之后，通过谈话让她们明白做法是否恰当，直接进行严厉的处理，会让她们感觉特别委屈，以至于更加愤怒地对待对方。

案例概述及处理（2）：发生在同事身上的一件事。晚上查寝结束，未离开学校之时，听说有一个男生醉酒闹事，与制止他的男生发生打架事件，等我们赶到的时候该生已经被控制起来，一个年轻的同事正在询问情况，男生的身上酒气弥漫，精神状态亢奋，神志方面不是很清楚，被打的男生很冤枉地站在一边，好心劝阻结果被踹了几脚，衣服上有好几个鞋印，头发乱七八糟的。同事询问了半天，醉酒的学生十分不配合，有点老师多管闲事的意思，也不承认打人，反而说是劝他的男生故意挡他的路，他只是推了几下，面对当面撒谎的学生，这个同事也冷静不下来，大声地呵斥起来，醉酒的男生酒劲上涌，当时就与这名同事撕扯起来，场面混乱，事后对这名同事来说也很不公平，被这个男生差点把衣服撕坏了，也没有更多的处理。没有其他原因，只是因为当时那个学生处于醉酒状态，应该先让他醒醒酒再说，有目击证人，事实很清楚，还有监控录像，没有必要在学生亢奋的状态下激怒他，换句话说，醉酒的学生自控能力也有限。

2. 伤情处理不可自作主张

打架受伤是常有的事，伤到什么程度不是老师说了算的事情，事后没有问题一切都好说，如果事后出现其他问题，老师的判断就很重要了。应及时询问学生的伤情，有必要就要去医院排除一下问题，避免事后的纠纷。不能本着大事化小，小事化了的原则，而大包大揽地宣称伤情不重要，没有必要就医，一旦事后学生出现身体不适，家长追究起来，当事学生又不承认是打架造成的，那么整个事情就难以处理了。

案例概述及处理（3）：这些年学生打架遇到的伤情没有特别严重的，

但是日常管理中出现过一起类似的。在2010年的一场足球比赛中，一名学生被另一名学生非故意地用膝盖顶伤了背部，当时躺在地上不能动，很多同学都准备拉他起来，受伤的学生也很硬气，嘴里直说没关系，裁判和老师在旁边询问他的情况，感觉不是简单的伤情，于是马上拨打了急救电话，整个过程中没有让受伤学生移动，同时要求伤人的学生也全程陪同，医院诊断很快出来了，有一块骨头出现骨裂，因为距离脊椎很近，所以伤情很危险，如果当时听任学生自己说没事，或者没有管旁边的学生把他拉起来继续活动，则很容易出现非常危险的情况，虽然受伤学生可以移动，但骨裂的部位必须静养。医院检查的初步结果出来之后，双方的家长很快被通知到位了，事后的赔偿事宜也顺利完成。如果没有及时就诊，一段时间之后出现伤势严重情况，事情说不说得清楚还是问题，想要顺利解决难度就很大了。

3. 群架处理要选好重点

处理打群架的时候，如果把所有的人都叫在一起询问，那么七嘴八舌的很难理出头绪，如果一个一个询问，人数少还行，人数多又会出现询问时间过长，建议选取其中重点的人员进行第一批询问，其他人员如果参与程度较轻，经核实后，建议后续再询问。重点人物选取不一定是打架冲在最前面的，也不一定是喊声最大的，应选取矛盾集中和思路清晰的学生进行询问，询问过程中，学生自己就会省略掉很多无用的信息，而让询问直指主题。

案例概述及处理（4）：紧靠着楼道的三个宿舍门口站满了人，三层我们系院的学生和四层另外一个系院的学生就是这起冲突的组成人员。领导和同事赶到的时候，群架已经过去了一个阶段，正处在第二个阶段：酝酿再继续打。估计吵不明白还要打，他们及时把人群分开，然后面对满满一楼道人，估计也不能每个人都问一遍，于是选了双方各三个人，到一个宿舍内部问清楚情况。原来，三楼四楼不是一个系院，曾经因为楼上楼下放音乐扔杂物的问题有矛盾，晚上熄灯以后，紧靠着楼道的三个宿舍被人从门上面的窗户扔进了杂物，追出来看时已经没有人了，于是三楼同学怀疑是四楼的人，三楼的人在楼梯口对着四楼叫骂，四楼一群人冲下来理论，双方发生斗殴。领导、同事们到场后迅速控制了局面，针对了解到的情况，调取了监控录像，通过技术手段发现了扔杂物挑衅的学生。整个事件的处理，没有在人群中让大家随意发言和讨论，而是让学生自行选出能够代表他们谈话的同学，这样少数几个同学的谈话过程中，其他同学都会耐心等待并散去，事情就不会激化，群架处理中这样的重点选择很重要。

4. 控制局面放在处理事件之前

发现打架事件或群架事件，第一时间是控制局面和平息事态，而不是批评教育。一个人控制不了局面时要及时与领导、同事联系，必要时要报警处理。不要认为自己是老师，说什么学生一定就会马上服从，甚至有的老师会生硬地训斥外系的学生，这种敢于担当的意识很值得肯定，但对于控制局面而言不是最科学的。遇到此类事件，能自己平息的马上自己平息，一个人做不到的，一定要学会“借势”。领导和同事到来可能有一段时间，但围观的学生肯定有愿意帮忙的，表明老师身份后，说明需要帮助一起平定事态的想法，并告知学生如何一起平息事态，比如拉起人墙把双方分开等。

案例概述及处理（5）：群架很多时候并不激烈，但控制不好容易出现恶性的事件。我曾经处理过一起来也匆匆、去也匆匆的群架事件，现在反思是事态控制得及时。2009 年冬天，早上我带着学生跑操，几百个大一新生跑操结束之后都去餐厅吃饭，我和检查纪律的学生干部围坐一桌吃饭，新生跑完操正好是老生吃饭的时间，餐厅里面人很多，就餐的餐厅很大，但是这么多学生的涌入依然让秩序为之一乱，于是新生和老生发生了摩擦，对面的老生人数也不少，而且恰好也是认识的，新生虽然初来乍到，但胜在人多势众，听到噼里啪啦的声音时双方已经打作一团了，我指挥身边的学生干部迅速召集更多的学生干部和普通学生，把双方尽最快速度分开，因为无法找出领头的学生，也不可能问出谁对谁错，事态控制住之后，没有再继续追究和询问对方是哪个系院、老师是谁，只是回去之后对学生就餐的纪律和遇事的处理方式做了教育和引导。如果当时因为护着自己的学生而质问对方或者有其他举动，场面很可能控制不住而升级。群架事件的处理不能冲动，应以控制事态为主，如果能事后处理则事后处理，如果很难分出对错，那么就以控制事态为处理终结。

5. 打架的反思

首先，打架事件发生之前，学生再不理智也一定会在心中衡量过打架之后需要付出的成本，当违纪成本可以很容易接受时学生往往会不管不顾。打架事件的发生反映出违纪处分的力度和宣传程度有待加强。其次，防止二次打架。双方只要心理上有一方认为自己吃亏了，那么就有可能出现二次打架的情况，二次打架常常会是之前打架的升级版。这就需要在做善后工作的时候，不能仅仅考虑怎么处理学生和教育学生打架不对，更要考虑到学生二次打架的教育问题。给学生上一堂计算打架成本和违纪成本的课很重要，尤其是曾经出现打架和依然可能会有打架情况出现的系院。年轻人情绪控制需要教育，也需要告诉他们控制不住的成本是什么，相信这样的教育会大大减少打架事件的出现。

四、学生宿舍矛盾分析

高校宿舍内矛盾是个很麻烦的事情，它的形式多样、程度不同，解决起来费时费力，有时效果还很差。高校的宿舍矛盾有的是一个人和剩余人的矛盾，有的是一半和另一半的矛盾，有的是一部分和另一部分的矛盾。矛盾的级别从争执、冷战到小吵小闹、大吵大闹，甚至出现更加恶劣的情况，如打架和群体斗殴。男生宿舍和女生宿舍的宿舍矛盾各有特色，女生宿舍矛盾尖锐时也会出现扭打的情况，但一般时间短、情节轻，不容忽视的是女生宿舍变相的暴力和心理伤害，如故意关门不开门，把人锁在门外面或锁在门里面，故意把墨水等不易清洗的脏东西弄到其他人物品和用品上等；男生宿舍矛盾尖锐时会出现打架情况，手边有什么工具也会用上，宿舍有其他人时不会出什么问题，只有矛盾双方的时候就比较麻烦了。随着互联网出现，各种新型的报复形式也层出不穷，而且几乎不可能发现是谁报复的，如曾经被某些不良电商用来对付差评用户的“短信轰炸”，笔者认为这是高校学生矛盾的终极武器，基本无解。

（一）宿舍矛盾产生的原因

1. 生活习惯

高校学生来自天南海北、不同家庭，他们有各自不同的生活习惯，包括卫生习惯、饮食习惯等。有的喜欢每天晚上洗澡，有的不怎么爱洗脚，有的喜欢吃榴梿，有的喜欢吃大蒜，有的特别喜欢干净每天通风，有的特别怕冷谁开窗户跟谁急；到了睡觉的时间，有人在洗漱间泼水洗澡，哗哗的水声让很多同学睡不着也受不了；有的同学起床时间很早，起来之后无意识的重手重脚让其他人没法继续睡下去；有抽烟的、有打鼾的、有喜欢吹奏乐器的，有喜欢占用宿舍地面健身的，不一而足。

2. 学习习惯

受高中晨读的影响，有的同学喜欢大声朗诵，不管别人想不想听，旁若无人地放着英语听力；有的同学书桌从来不收拾，各种书籍、文具蔓延到别人的桌子上；学习的时候兴奋了就哼着小曲，不开心了就唉声叹气；有的课余时间不怎么学习，他们玩电脑、看电影，把宿舍当成了网吧。

3. 具体事情发生矛盾

具体事情发生矛盾有多种多样，可以是因为学习、工作、生活的任何一件具体事，小到有可能仅仅是篮球场上互相碰撞了一下。高校学生很多没有住校的经历，不擅长处理与舍友之间的矛盾，有的矛盾初始很小，可能会因为解决不善，最终成为大矛盾。那些说不清楚原因，只是觉得看不惯的个案，往往也是由一件一件具体的小事组合而成的。

（二）解决宿舍矛盾的途径探索

1. 思想调解的措施

老师介入宿舍矛盾有一个必须要注意的前提，在旁敲侧击地调查清楚之前不要直接开始工作，否则容易导致宿舍矛盾升级。宿舍矛盾被老师得知一般分为两个途径，一是他人途径；二是当事人途径。他人反映的宿舍矛盾，有的可能当事人认为矛盾可以内部消化，有的可能当事人难以启齿。当事人反映的宿舍矛盾基本到了很难调和的程度，一般程度的宿舍矛盾，当事人不会和老师反映。思想调解是在了解矛盾内容的基础上，征得当事人同意的情况下进行的调解。调解的结果有握手言和、保持现状和矛盾升级三种。调解的结果有不可控制性，因为学生对调解的认可与否外表看不出来，调解完之后通过宿舍的表现才能知道效果，答应得很好或者保证得很好不一定就代表着矛盾已解决。

2. 调整干预的措施

矛盾升级之后，为了防止出现吵闹、打架等问题，可以在条件允许的情况下对宿舍进行拆分和调整。这类干预措施有几个问题需要特别谨慎，一是不能立刻表示可以调整宿舍，因为到调整宿舍的时候会发现，有的同学没有一个宿舍愿意接受；二是宿舍内集体与集体的矛盾很难通过调整宿舍解决，因为也许没有那么多空床位；三是调整谁出这个宿舍往往意味着谁在这场矛盾中“输了”，所以调整谁出去需要特别谨慎。如果没有条件进行宿舍调整，那么可以采用延后干预的措施，如在下一级学生入校之后再进行调整，或者阴阳面对调的时候进行调整，或者楼层调整的时候进行调整。

3. 宿舍矛盾对错的把握

宿舍矛盾分为过错明晰和过错不清两种。有的宿舍矛盾是因为某人或某些人明显的过错引起的。如某同学晚上不按时就寝，电脑屏幕深夜不关，亮光影响其他人休息。这样的宿舍矛盾必须摆明立场，分清对错，用要求和规定进行纠正，否则这样的过错会蔓延到其他宿舍。有的宿舍矛盾是过错不清的，或因为时间久远，或因为事情纠结在一起，很难分清谁对谁错，这时处理宿舍矛盾就应该特别慎重，盲目给其中的一方定性，或者简单地双方各打五十大板都是不合适的，应根据具体情况，加以思想引导和调整干预。

4. 跟踪管理的重要性

宿舍矛盾解决不是一蹴而就的事情，它需要持续不断地开展，跟踪管理在其中必不可少。通过学生本人或学生干部，了解宿舍一段时期矛盾的变化，根据变化及时调整干预策略，可以有效地避免矛盾升级，把矛盾控制在可控范围之内。

五、学生夜不归宿分析

参加工作好多年里晚查寝一直是头疼的事情之一，在不同的节点、节日，随着互联网的发展，学生们擅自夜不归宿的情况时有发生。

第一类是网吧通宵玩游戏。2010 年以前，网吧比现在要火爆得多，晚上查过宿舍之后，因为楼门紧锁，有的宿舍甚至会六个人集体从二楼跳到草丛里，然后去上网。周五的晚上是“跳楼”高峰期。二楼以上居住的是高年级的学生，因为楼层低的被检查和视察的概率高，高年级的同学资历老，低楼层的很难拒绝他们提出的要求，所以二楼成了重灾区，有的宿舍一晚上能跳出好几拨人。一楼没法跳，因为阳台都被栏杆封死了。曾经见过从一楼爬回二楼的同学，只用了四秒钟，那矫捷的身影在夜色的映衬下一闪而过。现在学生宿舍网速良好，学生的生活条件也能满足基本人手一台电脑，所以门口的网吧数量只剩下了两三家，主要提供给那些对网速要求严格的同学，当然这种要求常常是因为游戏的需要。

第二类是恋爱的同学。看看学校周围宾馆的容纳量，大体可以估计到学校因为这个原因夜不归宿同学的情况。如果一个学校周围开始一年新增几个小宾馆，那绝对不会是因为观光客和学生家长到访，而是因为其他原因。以前宾馆没有现在的多，和以前保守的恋爱观有关系，现在的学生恋爱起步早，大学里面谈自己第三次、第四次恋爱的大有人在。互联网盛行的今天，在国内外的思想影响下，这个问题已经越来越摆上台面。恋爱同学的不归宿现象因为检查力度和面子原因，已经渐渐由夜不归宿改为午不归宿，这样一来真的就麻烦了，如果看到学校附近宾馆滚动播出或者打出大大的宣传标语，声称钟点房怎么怎么样，那就是市场繁荣的景象。

第三类是网瘾的同学。他们夜不归宿也是上网，很多甚至没有固定的上网目的。网瘾或大或小，其通病是越到晚上越精神，白天这些同学绝对是没精神和睡懒觉。如果哪天去宿舍查卫生，看到有蒙头大睡的，有些就属于这个情况。之前的宿舍会断电，现在的宿舍不断电了，但是会统一熄灯，而且一个宿舍的同学别人还需要睡觉，所以有网瘾的同学也会选择夜不归宿上网去过过瘾。

第四类是喝酒等原因错过了查宿时间的同学。晚查寝多数集中在十点半到十一点，过了这个点再回来就是晚归，要被找谈话，谈话的力度和晚归的程度成正比。有的同学喝酒会喝到营业结束，有的同学会到街边小摊，那里能营业到凌晨两三点。喝完酒的同学会有 KTV 唱歌、网吧通宵、宾馆住宿等各种选择。因为其他原因错过查宿时间的同学也常常这样做。

检查的苦恼和办法如下。

最大的苦恼是，学生就寝之后开展第二次检查不现实。因为不可能要求同学们不锁门，等待二次检查，那样也许会出现盗窃事件。关键是负责检查夜不归宿的同学也需要休息，如果每晚检查两遍宿舍，他们的休息时间会在 12 点之后。

办法一：针对没有经验的夜不归宿学生，实行早六点学校门口检查。宿舍六点开门，那么学校门口六点往回走的同学都是夜不归宿。这一检查适合查到低年级暂时没有得到高年级经验传授的同学，他们没有这方面的任何概念，所以很容易被查到。缺点是：需要老师起得很早，检查的人群有限。爬墙和 7 点钟以后进校就可以破解，因为外出买早饭的同学 7 点就开始大批量出现了。另一个缺点是需要找几个跑得快的同学一起检查，防止脱逃，注意拦截的方向是朝向学校，向校外跑容易发生交通事故。

办法二：校园内安排人员巡逻。在宿舍关闭楼门之后在校园内安排人巡逻，查看有没有从宿舍楼通过各种方法外出的同学，因为有个别同学会打着去医院输液的旗号外出。这个方法属于比较笨的办法，好处是除了夜不归宿还能查到别的问题，如外来的小偷。坏处是巡逻的人员不好确定，工作时间范围内的人员巡逻力度有限，工作时间范围外的容易有怨言而不配合，破解也容易，就是躲着走。

办法三：夜不归宿相对理想的破解之法。三层机制彻底杜绝此类事件发生。第一层机制：学生宿舍外安装摄像头，不正对学生宿舍，但要清晰地记录从哪个宿舍可以出入人员，检查夜不归宿的开始时间和关闭楼门的时间要保持一致，不能有时间差。这个方法基本杜绝了查寝之后学生外出的可能性。对于晚上外出的同学要做好登记，什么原因、什么时间，第二天可以反馈到系院进行核实。第二层机制：大门。外出的学生走大门的多，学校门口的保安应该做好登记，第二天反馈核实。第三层机制：围墙。围墙安装摄像头既可以防盗，又可以对学生起到警示作用。这样三层机制的建设和配合使用，基本可以杜绝夜不归宿的情况出现，如果再出现夜不归宿，那么只剩一个原因了，也就是人的因素。人的因素有很多种，检查人员不仔细、宿舍人员包庇等各种情况。出现人的因素后，夜不归宿的同学就可以在一天内任何一个时间段外出，不会受到三层机制的影响。如果被检查到，宿舍的成员会受到批评教育，但通报和批评不会有，所以他们的违纪成本很低。相对理想的破解之法是，严格检查和人员流动检查相结合，宿舍实行本人签到制。相对的意思其实是对人的因素的一种解释，只要有人在开展工作，总会有这样或那样的漏洞在里面，所以夜不归宿的破解之法也是相对的。绝对破解之法也许未来会出现，比如每个人都设有一个生物标记，由计算机和网络来记录和上报每个人在什么位置，到那时，不要说夜不归宿，就算是早退一会儿也会被查到，也就不会出现帮人签到的情况了。

六、学生安全教育的基石——班级例会案例与分析

班级例会简称班会，有些高校对这个概念很陌生，有类似的会议，但没有成系统，形式很随意，尤其互联网时代新媒体的发展迅速，通知、消

息甚至文件，网络传递快速又便捷，班会在逐步消失中。许多互联网产品陆续开发出网上会议室，群聊等功能，集合起来开班会好像显得有点“中学化”。班会的劣势是比较占用时间，它的优势也很明显，班会组织好了能起到很好的效果，当然组织不好也会起到反效果。如果能够在班级例会中加入网络内容，体现出网络因素，既可以丰富班会内容，又能够起到耳目一新的作用。

优势一：拉近人与人之间的距离。面对面的交流是班会的主要形式，有主题班会、交流班会等形式，有的班会提前有班会内容或班会提纲，有的班会由班主任自行组织，有的成系列，有的只是简单的通知和传达。无论哪种形式，同学们可以和班主任见面，关键的节点上，老师会对同学们进行面对面的指导，如四六级考试、考研、实习等。网络沟通再便捷，也不能代替面对面的沟通，班会让班主任、老师和学生们亲切起来，拉近了他们之间的距离。

优势二：定期反思、总结和规划学生工作。每周一次班会、每月一次会商，班会组织之前，老师需要对上一阶段的工作进行反思和总结，便于对下阶段的工作提出要求。这种定期的总结和规划对学生工作很有裨益，一年的工作整理下来会总结出许多值得关注的点，连续组织几年班会，时常回顾一下往年班会开展的情况，可以总结出许多规律性的东西。如什么季节应该提醒溺水事件，什么季节应该提醒冰面结冰，什么时间段容易出现酗酒，什么时间段容易出现感情问题。

优势三：可以增强学生的自主性、思考性。好的班会能强化班集体的凝聚力，有些主题班会让学生畅所欲言的同时，实则是在锻炼和强化学生的自主性、思考性和主人翁意识。是侧面地告诉每一名学生，他们对这个班级负有责任，对班级的建设乃至系院的发展都负有责任。

班会组织过程中的几个误区：

一是班会不等于随便聊。有的老师对于班会的看法就是随便聊聊，甚至生活中的许多负能量都散发到班会上来。班会应该有一个提纲，准备谈些什么，学生也需要些主题去思考，如讨论一下不及格情况，讨论一下课堂质量提升问题等。有些严肃和敏感的话题不能回避，老是避重就轻地谈些琐事，班会的气氛会活跃，但效果不理想。敏感严肃的话题应该经过精心设计，让同学们认识其重要性，提高认识、加强重视，如宿舍安全隐患、交通安全等。

二是班会切忌反着聊。有的班会进行过程中出现了与学校、系院不同思路的内容，要求是一个样，班会讨论的结果是另一个样，甚至是完全反过来的。如公共场所严禁吸烟，班会的内容有可能出现某些地方严禁吸烟，某些地方无所谓的说法，甚至有的会认为这样的规定形同虚设，大家不可能听，也没法制止，所以不用理会。这样的班会不仅起不到正面的效果，反而起到了反效果。

三是班会不等于一个人说。有的班会组织得非常拘谨，老师拿着提纲或者班会内容一个人讲，同学们一言不发，老师讲完就走，如果他的语言组织能力强些还好，如果语言乏味枯燥冗长，这样的班会对同学们来说简直是一种折磨，效果肯定好不了。

四是班会需要精心组织。精心组织班会需要做到几个方面：第一，班会人员齐整。上面老师讲，下面小猫两三只，就算讲出花来，也没有人欣赏，班会需要同学们人员齐整，单单人员到位还不够，每人拿着几本书，上面开会，下面看书，开完讲的什么，没有人知道，这样的会议有些浪费时间。人员齐整的第二层含义是老师到位，有的老师随意通知一下，本周班会班长代为主持，或者到现场随便讲两句就走了，这样的态度不仅是不负责任，还给同学们做了一个不好的表率，原来比较正式的班会也可以这样开，以后的事情上他们也不会认真对待。第二，形式多样。认真组织班会，不是指准备一堆材料给学生们读，它除了内容方面的准备，还需要形式方面的思考。给班会定一个主题，选取学生进行发言，大家进行讨论，这是主题班会；因为管理事务而召开的是事务性班会。这两种班会可以结合开展，形式上就不会显得过于严肃。主题班会的组织方式比较多样，如讨论型、叙事型、节日型、日常型、政治型等，甚至可以用一个学期组织一个系列主题班会。第三，发挥学生的主观能动性。鼓励学生发言、鼓励学生寻找主题，但不等于放手不管，班会需要引导开展，学生更需要引导思考，学生思考的结果可以提前了解，便于在班会过程中达到最佳效果。

下面列举两次班会内容，供思考和分析：

班会案例概述及分析（1）：

××××××× 系第 ×× 周班级例会内容

班会时间：2016. 6. 28　　　参会人数：×××

本科班级数：××　　　专科班级数：××

会议内容：

一、学校部分

1. 晚 8 点各班上报学生返校情况，尤其毕业班请认真落实学生情况。提醒在家生病住院的同学通过助学委员与助学部联系，落实是否符合报销条件。

2. 安全时事了解：今年暑假 ×× 大学连续发生两起火灾，8 月 14 日晚 ×× 大学两名学生在宿舍楼道内用液体酒精炉吃火锅，引发火灾，两人均被烧伤，烧伤面积达到 40%；8 月 16 日晚两名学生在宿舍内点燃蚊香后外出通宵上网，凌晨 1 点 30 分蚊香引燃衣物，引发火灾，整个宿舍成为灰烬。

要求：开学后立即进行安全大检查，对所有学生宿舍进行一次拉网式安全大检查，杜绝在宿舍内使用大功率电器、明火器具、私藏管制刀具；杜绝使用劣质电源插座，禁止乱扯乱接电源线等；及时掌握和化解学生之间的矛盾，发现问题及时解决，消除隐患。周二下午对所有宿舍内务及安全隐患进行大检查。

3. 提醒学生不要在西外环路，10 号、11 号公寓楼西侧人行路附近放置自行车、电动车，在公寓区停放机动车，自觉将自行车、电动车、机动车放到划定的停车区。请提醒学生不要在各公寓楼一楼四周的水泥台“护坡”行走，防止被高空坠物砸伤，危及生命安全，其他高校已经出现类似案例。

4. 加强学生文明行为教育，营造健康向上的校园环境。新学年即将开始，2016 级新生即将入学，校园内外来人员增多，新生家长也会通过不同形式了解学校各方面的情况，这都要求我们要切实采取措施，加强对学生的基础文明教育，严禁在宿舍、教室等公共场所吸烟；严禁开学后以各种理由聚众饮酒；严禁在公共场合男女交往不文明。教育学生要时时处处展现出大学生良好的道德品质和积极进取的精神风貌，营造健康向上的校园环境。学生工作处将加大对不文明行为、夜不归宿、吸烟、酗酒等的检查力度并及时通报。凡被通报的违纪学生，取消当学年一切评奖受助资格。

二、系院部分

1. 2013 级本科学生请假事宜：根据学校管理要求，系院研究制定本学期 2013 级本科学生请假离校程序。原则上，2013 级本科学生全部返校，考研的同学留校学习，短期请假走正常请假手续；非考研的同学本学期开展毕业论文设计和撰写，省外非考研同学在论文指导教师同意情况下，找到企业并与企业签订三方协议（学生科领取）可以办理请假手续；非考研省内同学原则上必须先完成论文设计和撰写，如果找到企业可以网签则另行处理。

2. 各班班长（包括毕业班）、学生会部长以上晚 9 点系院会议室开会。

3. 按照常规工作安排，各班开学后着手进行学生素质综合测评，9 月 20 日前上报综合测评成绩、获奖学生卡号及各项校级评优情况。具体事宜晚 9 点会议部署。

4. 学生返校后带着大量现金的，尽快转入银行卡，以免丢失。

三、主题班会部分

1. 案例解析：18 岁的徐某某家住临沂市罗庄区高都街道，是临沂第十九中学高三应届毕业生。徐某某以 568 分的成绩被南京邮电大学录取，录取专业为英语，入校报到时间为 9 月 1 日。8 月 19 日下午 4 点半左右，有个陌生手机号码打到徐某某母亲李女士的手机上，对方声称有一笔助学金要发给徐某某，当天是最后一天。因为之前曾接到过教育部门发放助学金的通知，徐某某信以为真，就按对方的要求赶到附近一家银行，通过自动取款机领款。根据徐某某之后的叙述，她通过自动取款机操作后并未成功。对方得知她带着交学费的银行卡后，要她取出卡上的9900元，把钱汇入指定账号，对方再把她的9900元连同助学金2600元一起打过来。毫无戒备的徐某某按照对方的说法操作后，再与对方联系，没想到对方手机已经关机。从派出所返家后，一向身体健康的徐某某坐在三轮车上突然昏厥，之后被紧急送到医院。21日晚9点30分左右，徐某某最终抢救无效还是离开了人世，医生给出的死亡原因为“呼吸、心搏骤停”。近日，5名犯罪嫌疑人落网。

事件发生后，我校第一时间在学校网站发布了谨防诈骗信息，提醒广大学生提高警惕，遇事多与家长老师沟通核实，尤其提高对陌生电话和陌生人员的警惕，避免上当受骗。

2. 提高警惕 谨防网络诈骗

近年来，“航班被取消给予赔偿”“银行账号涉嫌洗钱”“中奖交保证金”“信用卡遭恶意透支，需要转账核实”“冒充老师借钱应急或加话费”等常见诈骗伎俩屡见不鲜，“裸条借贷照片被贩卖”等诈骗案件、网络诈骗、网络借贷和网络传销案件时有发生。

在此，提醒同学们严格做到公安机关提醒的“六个一律”：①接电话，遇到陌生人，只要一谈到银行卡，一律挂掉；②只要一谈到中奖了一律挂掉；③只要一谈到“电话转接公安局、法院”的，一律挂掉；④所有短信，提示点击链接的，一律删掉；⑤微信不认识的人发来的链接，一律不点；⑥一提到“安全账户”的一律是诈骗！除此之外，接到170、171号段电话要高度警惕，严防上当受骗；不要轻信谎言给陌生人转账汇款，遇到要求到ATM机或网上进行双向互动操作或提出类似要求的，要先向辅导员、班主任或系领导咨询，千万不要擅自按照对方要求操作转账，以免上当受骗。

附表1：防网络诈骗主题班会会议记录

会议名称	××××系防网络诈骗主题班会		
召开部门	学生工作（武装）部（处）、×××××系		
出席领导	系班主任会议部署、各班班主任组织开展		
出席人员	班主任、班级全体同学		
列席人员			
缺席人员			
时间		地点	
主持人		记录人	（团支书）

会议记录：

班会案例概述及分析（2）：

××××系第十七周班级例会内容

班会时间：2016. 12. 18　　　参会人数：×××

本科班级数：××　　　专科班级数：××

会议内容：

学风考风教育主题班会

一、加强学风教育主题班会。

期末考试临近，进入全面复习备考阶段。教育同学们减少外出、聚会。将精力集中到学习上，以良好的精神状态迎接期末考试。本学期继续实行考试成绩通知家长制度，对考试2门及以上不及格的学生，学校会及时通知家长。尤其是2016级、2015级同学，本次考试将决定未来一学年的评奖评优资格、发展党员资格，很多评选评优都要求成绩至少半数以前且不能有不及格情况，所以各班同学要积极备考。考试科目到达预警线或接近预警线的同学要特别注意做好复习，不要因此拿不到学位证书。

（1）今年考试科目、考查科目分析。

（2）目前同学们的准备情况。

（3）考试经验交流（3～5名成绩突出、善于总结学习心得的同学发言）。

（4）班主任建议。

（5）班主任安排的其他内容。

二、严禁考试作弊主题教育（考试作弊拿不到学位证书，请同学们特别注意）

考试中有下列行为之一者开除学籍：

用盗窃手段获得试题者；由他人替考、替他人考试者；组织作弊、使用通信工具作弊者；在校期间作弊累计两次者；在监考教师制止和处理作弊行为对监考教师有不文明行为者；威胁等恶劣手段要求教师加分或隐瞒违纪作弊事实者；其他恶劣作弊行为。

考试中有下列行为之一者留校察看：

经评卷教师认定，答案雷同者；扰乱考场秩序，无理取闹者；抢夺、盗窃他人试卷或强迫他人为自己抄袭提供方便者；其他作弊行为。

考试中有下列行为之一者记过处分：

故意销毁试卷、答卷等考试材料者；使用通信设备（手机等）；考试结束以央求、请客、送礼、托关系等手段获取人情分者；其他作弊行为。

考试中有下列行为之一者严重警告：

抄袭或协助抄袭他人试题者；将试卷、答卷、草稿纸带出考场者；在规定区域以外书写姓名、考号或者用其他方式在试卷上标记信息者；其他作弊行为。

考试中有下列行为之一者警告处分：

被监考教师口头警告两次者；携带与考试相关材料参加考试者；其他作弊行为。

班内同学签名：

三、上周汇总

2016—2017 学年第一学期学生班级例会
××××系第（十五）周班级例会一周汇总

××××系学生会一线呈报，我们的团队文化：亲情、创新、荣誉、能力					
班级	班主任	学生	具体情况	综合测评加减分	班级班主任量化加减分

AAAA	李某	刘某某 郭某某	未关水龙头	-1	-0.05
AAAA	李某	刘 某 唐某某	未关水龙头	-1	-0.05
AAAA	李某	于某某 路某某	未关水龙头	-1	-0.05
AAAA	张某	刘某某 郭某某	书后三次放东西	-1	-0.05
AAAA	张某	刘 某 唐某某	校级英寝第一名	+0.5	+0.05
AAAA	张某	于某某 路某某	校级英寝第一名	+0.5	+0.05
AAAA	张某	刘某某 郭某某	校级英寝第一名	+0.5	+0.05
AAAA	张某	刘 某 唐某某	晚自习吃东西说话	-1	-0.05

注：若因晚自习迟到、早退、宿舍吸烟而被系内通报批评者，综合测评-0.5，班主任量化-0.05；

若因内务、旷课而被全校通报批评者，则综合测评-1，班主任量化-0.1；

若有夜不归宿、使用大功率电器、不文明等纪律处分者，综合测评-2，班主任量化-0.2；

凡需要参加班主任例会及做出书面检讨的学生后缀★；以上均具体到个人。

特别说明：旷课现象在我系各类检查中属于极少数情况，发生在2016级中更是罕见。建议继续跟进教育管理。

第五节　新形势下应用型高校德育工作（二）——事无巨细是德育之法

一、学生会建设的案例与分析

学生会管理：文化建设的失败和重构。

学生会管理之初没有文化建设的概念，甚至学生会组织机构都不健全和完善，不断向其他大学学习的过程中，学生会开始完整起来，有了各个部，有了正规的竞选和民主集中制，学生干部开始有了培养机制。经过几届学生会发现主席团和主席很重要，俗话说，火车跑得快，全靠车头带。但久而久之又发现光靠车头带，肯定跑不快。动车组速度快，是因为它有一个每节车厢都有各自的动力的概念。学生会的每个部、每个人的动力是什么，答案是文化。

案例概述及分析（1）：

2009年经过一年的准备我们开始尝试建设自己的文化，建设的方式是通过活动让文化深入人心，这个活动我们选择了军训。军训是大一新生入学之后的第一次集体活动，活动最后有五个奖项产生，有宿舍内务类、队列方队类、军歌合唱类等。军训很苦、很累，每个同学白天场地训练，晚上唱歌结束后还需要回去整理内务，早上出操回去整理内务马上又返回操场训练，常常需要叮嘱他们不管多累都要好好吃饭。白天的气温炎热干燥，每个同学军训结束之后都晒得黝黑。军训伊始，我们开始灌输一种文化叫作“荣誉”。同样的辛苦，如果最后什么都没有获得，那么这些辛苦基本就成了无用功，除了劳累没有其他任何记忆深刻的地方。荣誉怎么获得，我们针对每一个奖项的评分细则进行研究，尝试采用所有规则允许的方法，比如在开学当天发放行李物品的时候，从每个同学那里收取一条床单，借一些电熨斗把每一条床单烫熨平整，根据垫子的厚度熨出折痕，军训开始之后发给同学们，用细细的针脚缝在床垫上，这些花不了多少时间，却是认真思考的成果；观看天安门阅兵的训练纪录片，从中学到踢正步需要用绳子作为标尺，有样学样地买了些绳子，大家尝试着练起来。军歌成绩想要练出来不简单，因为系院的人数有多有少，男女生人数比例不一样，如果比例失调或者人数太少，军歌合唱的效果就很难出来。选歌也是考验人的地方，根据男女生比例挑选合适的歌曲，适合学生合唱的军歌有限，难度太大或者不容易出彩的唱的少，剩下的基本都是出场率很高的曲子，想要拿军歌比赛的奖项需要更多的思考，比如都没有乐器伴奏的情况下，寻求音乐系同学的帮助，加上一部分乐器伴奏，设计一些有表现力的肢体动作和手部动作，在声部上面多动些心思，结合系院的特色和军歌的主题也可尝试加入一部分道具，如挥舞的红旗等。当然军歌比赛歌曲是第一位的，想要唱好军歌，在选取和设计成熟的基础上，需要一个很好的讲解，之后要求大家必须迅速把歌词背熟，每个同学都需要检查一下，这样队伍里面就没有不和谐的声音了，剩下的就是激发大家热情和默契程度了。

场地旁边设立了便于阅读的图案式奖惩列表，每一个同学每天的每项成绩用笑脸、大拇指等进行奖励，用努力等脸谱表示还需要加油，最终的优秀标兵就是简单地数数那些笑脸和大拇指就行，当然这些图案的背后都有详细的数据作为支持。针对伤退的同学，我们照例组成了伤兵大队，他们也需要进行考核，考核的内容很简单，是给同学们服务，比如给场地洒洒水，给水杯倒倒水，清扫一下场地卫生。

无论是队列、内务还是军歌，每一项工作我们都提出了一个目标，那就是获奖，就是荣誉，而且我们给荣誉提出了一个定义，叫作“大满贯”，就是所有设立的奖项我们都要拿到，而且成绩必须名列前茅。为此我们进行了量化管理、鼓励式管理、一对一帮扶宿舍、小班主任制度。有的时候，规定和要求被一级一级放大，这个一级一级既是指一个年级一个年级，又是指一个层级一个层级。连续拿了几届的“大满贯”，我们体会到了“荣誉”的好处，军训结束时，我们会一次一次因为获奖而欢呼，从此以后在任何活动面前，同学们自然而然想到的唯一一个词就是荣誉，只要参加活动就必须要获奖。

几年之后，在荣誉的基础上，我们加入了“能力”，这个能力指的是学生干部的工作能力，而考核的标准就是“荣誉”的多少。随着两个文化的深入人心，我们开始反思文化建设带来的负面影响。如“荣誉”的指挥棒效应让有的工作变了味，它变成了集体意志，在一遍遍加深下，它的惯性产生了破坏作用。应该11点睡觉的，有的学生干部私自延时到12点甚至更晚，应该擦一遍的窗户，很干净的情况下还要再擦一遍等。不管认可不认可，这个年级的同学受到了这样的待遇，那么等他们负责这件事的时候，他们会让工作放大，他们的眼睛被荣誉填满和遮挡，已经看不到尺度和底线。真是成也萧何败也萧何，因为“荣誉”我们收获了满满的奖杯和成绩，因为荣誉我们亲手建立了一条恶性循环的生产线，生产出了很多副产品，如愤懑、敌视、欺压、反感。因为“能力”，同学们之间师哥师姐的概念淡了。“能力”告诉大家，谁获得荣誉谁就是功臣，所以尊老爱幼渐渐被能力至上取代，学生会开会的时候为系里挣得“荣誉”的干部常常是“声音”最大的，有的学生干部目空一切、高高在上，无视他们的前辈，开始出现不尊重和指手画脚，高年级的学生因为“荣誉”不足，似乎底气也变得不足，除了默默地接受这一切，就是回头变本加厉地想办法去挣。

我们开始反思这件事，整改的过程痛苦又剧烈。先后有一名主席和数名不同年级的部长牵扯在内。尝试引入新的想法，新建立的文化也是一个词：亲情。杏林子说，无论爱情也好，友情也罢，久而久之都会转化为亲情。我们在做每件工作的时候是否考虑到亲情。亲情这个词，我首先从自身开始反思。有的学生干部生病请假，我常常惯例似的走过场问问，很少有把他们当作自己的家人一样反复仔细地关心，那种关怀只是停留在程序上。甚至有时忙碌得忘掉了，顺手还会把一部分工作发过去，谈论的重点很快就转移到工作上面，我想生病的干部很想回答我的是：老师，我没事了，谢谢关心。其实，我何尝不是被“荣誉”和“能力”所影响的人啊。

亲情这个文化开始建设之后，取得了一定的成效，老好人开始增多，“荣誉”开始直线下滑，因为毕竟成绩的取得是需要付出努力的。我们在巩固建设成果的基础上，把荣誉和能力两个文化重新拾起，放在了“亲情”之后，提出了一个概念：面对自己的兄弟姐妹你会怎么样给他们布置工作。这个概念的提出效果很好，保证成绩的同时，给同学们提出了一条可以简单执行的标准。

大众创业、万众创新和五大发展理念提出之前，系院就有创新方面的特色，学生发明专利雨后春笋一般出现，这与学校发展理念的提升和教职工科研热情的高涨分不开。于是我们在2014年提出了“创新”这个文化，文化建设的带头者除了发明专利之外，还有不断入驻学校创业孵化基地的项目，项目比例一直排在第一位，专利转化走上正轨。

学生会需要文化建设，它是简单易懂的标准，同学们在做每件事之前，用这个标准衡量自己就知道是否符合要求。我党的历史上成功的例子很多，如“轻伤不下火线”“少数服从多数”等。文化建设又需要保持审慎的态度，效果很好的时候不要忘记反思，什么事情都要辩证地看待，没有一成不变的文化建设，需要不停地进行调整和完善。

学生会的团队建设与文化建设相辅相成，想有一个团队的概念，那么团队的独立性必须体现。学生会作为系院学生自我管理最大的学生组织，保持其独立性是根本，也是最容易被忽视的地方。接手学生会到开始团队建设，说起来是个摸爬滚打的过程。总结几个目前来看效果还不错的方法供德育工作者参考。

方法一：保持独立性。机构建设和一定层级干部选拔的独立性。曾经学生会只有四五个部，逐渐出现了《资本论》提到的分工细化，于是有了十个部，这些部门的建设都是学生会自行研究决定建立的，人员的数量不等，少的四五个，多的十几个。而且部门的设计不是一成不变的，如最新建立的网络部，这是2010年以后学生会根据互联网发展的要求而建立起来的，这个部甚至开始建设自己的团队文化，内容是做一个有网络思维的人，大体可以用一句话来解释，就是做什么事情之前必须先考虑到网络，中午吃什么？上网搜搜。买什么书？先上网搜搜。工作怎么开展？必须先上网搜搜。很有意思的一个部门，这个部门的同学熟练运用各种网络工具，力所能及地掌握最新最前卫的网络科技，给其他部门提供技术支持。所有部门的部长都是内部产生，辅导员老师、学生会主席团、各个部内都有投票权，想要成为部长必须有“真材实料”，关键之处在于不会出现“空降兵”过来外行领导内行，各个部的积极性很高，有种当家做主、自己说了算的心情在里面起作用。兄弟院系和其他院校的相关做法有很多，未来需要继续实践，如中心制组建学生会、学生会部长的轮岗制度。

方法二：项目管理。副主席曾经是学生会里面很尴尬的一个职位，从部长升任至副主席看似是提升了，但如果不能竞选为主席，那么副主席就会显得“无所事事”。他们虽然名义上分管几个部，但各个部都有各自的部长，具体工作副主席插不上手，于是副主席常常形同虚设，工作就荒废下去了。我们引入了项目管理的理念，用大型活动来凸显副主席的作用。活动分为几个层面，大型活动、中型活动和小型活动。几个副主席常常各自负责一两项大中型活动，他们负责从各个部挑选人员组成临时的团队，工作结束之后这些人员依然回归各自的部门。项目管理的好处是：不影响日常管理和小型活动的开展；专门的团队做专门的事，让工作成绩提升有了队伍保障；提前锻炼了副主席驾驭几个部门开展工作的能力，为竞选主席成功之后开展工作提供了很好的锻炼。

方法三：头脑风暴会议室。最开始的会议模式很单一，一个人或者几个人布置工作，工作在会议之前就形成了方案，基层的干部和干事照做就行。这样做很普遍，也出不了大问题。时间久了，部长会说干事工作很死板，开会没有积极发言的，工作想创新都没有出主意的。主席团开会谈了很久，大家畅所欲言，分管网络部的副主席建议从网上寻找些方法。网络部的同学从《创造学》课程的一个概念找到了灵感，头脑风暴。于是我们之后的会议模式是：提供一个主题和范围，在没有上一级干部参与的情况下先进行讨论，找记录的同学整理讨论结果。大家的主动性提高了，头脑风暴的方法很好地解决了各部一个人说了算，一个人想怎么办的窘局。

鼓励建设是学生会建设一个被忽视的环节，在实践过程中会发现它的作用有时感觉不到什么，但有时会被它震撼到。它有两个方向，一个朝向学生会内部；一个朝向学生会管理范围。首先看一下鼓励建设应用的几个方面，然后分析一下。

1. 奖要自下而上、罚要自上而下

奖要自下而上的意思是奖励、奖赏要从基层延伸至上，深层的意思是奖励要放在前面、重要的地方，所以它的前提是奖励必须要有。鼓励是激发和奖励，奖励是肯定和表扬。在学生管理的方方面面，老师重视的是违纪学生的处理，当然头疼的也是这个，似乎每个层面都会不断地出现违纪和问题，有时会忽视奖励的作用。有人可能会说，那些表现好的，奖励了也只不过表现得更好，能有什么作用。其实，奖励是具有带动作用的，当相当数量的人开始为了奖励而行动起来的时候，从众心理会让他们不自觉地向奖励的方向努力。

例如，在纪律检查和考勤方面。有时会通报一下旷课、迟到和早退的学生，让我们想想企业里面吧，那些员工很在意的还有一个叫作“全勤奖”的奖金，它是奖励没有请假和旷工的员工。学校里面有没有全勤奖呢，当然没有直接的这类奖金设置，但是变相的奖励可以有，在综合测评分数里面可以把没有旷课、迟到和早退的同学给予他们“全勤分”，这样就可以体现出来。

有时，排名就是一种奖励机制，当然这种机制在管理中应该变通一些。例如，只是体现奖励的部分，而把惩戒的意味去掉。意思就是只把排名处在奖励阶段的公布，其他部分不公布排名，如果公布排名会有意想不到的效果，这种效果有时会很好，有时会有反作用，建议那些使用排名机制熟练的人使用。在高校学生会管理中，笔者认为排名机制是“乱世用重典”的代名词，成绩提升快速，但情感易产生隔阂。尤其是如果以前没有公布全部排名，现在突然公布了，容易出现反效果，还不如那种以前从来不排名，现在公布全部排名的情况。

罚要自上而下，其实就是一种领导干部责任制，一把手责任制。学生会出现问题，各个部出现问题，谁的责任要首先明确。出现问题不要推诿，什么干事不会做事、太懒惰，学生不懂配合、太难管等，学生会自上而下要清楚自己的责任是什么，出现问题要首先从干部找责任，从领导力而不是执行力上找责任。

2. 奖多罚少，力度均衡

奖励要在感觉上多于罚，如奖励的人数要多于罚的人数，一周通过各种渠道罚了十个人并广而告之，但是就奖励了两个人，大家会感觉获奖太难了，方法过于严苛。如果奖的人达到三十个，控制在适当范围内，大家就会感觉这个奖励是可以达到的，只要稍微努力，超过一部分人，拿到奖励不是难事。因为奖励的数量多一些，那么在奖的质量上要轻一些，如果按综合测评分来解释，罚的分数如果是每人次 1 ~ 2 分，那么奖的分数最多控制在 0.5 分左右，落实在每个人如果奖励得太多就失去了奖的关注重点，同学们的关注点都集中在了分数和奖励的结果上面，过分的关注会让奖励变味以致变质。罚的分数要真正起到警示作用，当然不能罚的没有上限，那样就没有罚的必要和作用了。

3. 学生会内外鼓励机制的区别

学生会内部和学生会管理面向的部分在鼓励机制的使用上应该有区别。学生会内部鼓励机制的使用应该占到绝对多数，罚的形式要谨慎而斟酌，问题的提出建议采用“思考”和“优化”这样的字样，而不要生硬地进行批评。学生会管理各班和学生时可以把奖惩的部分均衡起来，两个方面都要有，也都要做好。排名机制的使用不建议轻易在学生会内部使用，使用好了对工作是一种促进，使用不好容易挫伤会内、部内的感情。

二、班委管理的案例与分析

高校班委选举的时间是军训结束后的一个月，班委的成员基本也是学生会的成员，主要负责班级的具体事务，起到老师与班级、学生会与班级之前的桥梁作用。学生会的选举是在班委选举之后开展，因为班委的各个委员需要直接进入系学生会相关的部门，如班级纪检委员直接成为系学生会纪检部干事，文宣委员成为文宣部干事等。班委选举是在军训和之后一个月了解的基础上开展的，班委是一个班的灵魂所在，班委建设好，这个班级就成功了大部分，反之这个班级有可能陷入混乱。

1. 前期准备工作

（1）班委的学习要求。班委选举产生之后，如果第一个学年就出现挂科或者成绩下游的情况，那么这个班委是不合格的，毕竟班委需要起到模范带头作用，哪怕工作能力突出也不建议使用。所以，在竞选班委之前要对所有报名竞选的候选人成绩进行统计，高中档案里面也可以查到相关成绩，尤其需要关注数学、英语等主要课程的成绩。

案例概述及分析：曾经有很多这样的例子，最开始接手学生会的时候，不觉得学习成绩和学生工作有什么关系，认为工作能力才是最重要的，都忽略了一个问题，当一个学生干部工作很突出但是学习很差的时候，如何才能彰显他对工作的付出，各种荣誉和奖励因为成绩受限不能给予他的时候，无论是管理的老师还是学生干部本人都会有一个很无奈的心情，之后的工作是否受影响很难说。2010 年学生会主要学生干部苏某，工作能力突出，带领学生会多次获得校级优秀学生会，工作期间各项成绩都在学校名列前茅，但多种原因导致成绩下滑，毕业之前没有机会参评入党积极分子、预备党员，也就没有机会参加选调生考试，对他个人而言这也是一个打击，毕业时研究生、公务员等考试逐一落选，好多年才又重整旗鼓在学习、工作上有起色。这样的例子还有很多，有的是成绩有反复和波动，有的是入选学生会就成绩不理想。在总结经验教训的基础上，学生会的纳新和每年的干部考核都把学生干部的成绩放在了重要的考核环节上，让学生干部通过付出能够获得评奖的资格，这是对工作的一种肯定，也是一种良性循环。

（2）班委的前期谈话。针对班级内竞选同一职务的班委要进行谈话，谈话内容应提前设计好，包括对未来可能出现的工作上的问题进行交流。刚刚从高中升入大学的学生，有学生干部经历的也常常经验不足，因为高中的工作基本没有，都是班主任一手处理，所以主要看看学生的综合素质，包括处理事情的思路、遇到突发事件的应对、工作的计划等。

（3）与高年级干部交流。军训的整个过程中，老师和高年级干部都全程跟随，同学们的表现都看在眼里，但老师不在的时候，尤其是宿舍内部的表现，学生干部应该更加清楚。应当多层面了解学生干部对准备竞选的候选人的评价。在军训之前，学生会各部的部长很多就已经开始寻觅好的干事，所以听听他们的意见很有必要。

（4）与班主任进行交流。军训结束一个月后，班主任已经基本和同学们熟悉过来，班会之类的会议也开过不少，应该对同学们有一个初步的印象。多数班主任会有授课任务，同学们上课的表现，也是参考的依据之一。

2. 竞选准备

（1）填写竞选申请。竞选申请包括三个部分内容，一是个人基本信息，可以让评委更加全面地了解学生情况；二是竞选岗位和是否服从分配；三是竞选演说词。三个方面缺一不可，一式两份，一份备案，一份竞选现场使用。刚从高中升入大学的学生很多没有经历过正规的竞选，之前的竞选因为准备不足，对于他们的自信心是一种打击。紧张来源于准备不足，只要是准备充足，那么就不会紧张。这种准备当然包括主观的准备和客观的准备，客观的准备可以对主观的准备产生作用，就是说如果竞选稿件准备的非常充分，那么一个人的自信心就会大增，次数多了，这个人竞选或者演说就不会那么紧张了。所以竞选是高校为这些新生设计的第一堂演讲课，并不是参与就是胜利，而是一定要做到充足的准备。在填写竞选词之前要进行统一的培训，培训内容包括：竞选词的组成部分和书写格式、班级的基本情况汇总、职务的来历和自我认知、工作期望和计划等。对于演说的要求是可以拿着稿子，也可以看，但是必须背熟。

（2）正装上台。上台竞选需要准备正装，其实也很简单，白衬衣深色裤子就可以，没有的同学可以从高年级借一下。着正装的目的是给同学们一种暗示，什么样的场合就需要什么样的思维和着装，休闲的时候就好好休闲，正式的时候必须正式。

（3）提前说明竞选标准。采用民主集中制原则，辅导员、班主任、学生干部、班内同学都有投票权，但投票不代表最终的结果，也不能代表最后的岗位人选。投票结果是重要的参考依据之一，还需要结合学习成绩、个人表现、师生评价进行综合考量。

（4）竞选时间、竞选程序要提前告知并严格遵守。

（5）竞选结果公示。结果需要进行公示，公示之后要对新生班委进行培训，重申学习的重要性和班委的引领作用，提出几个思考让他们加深对工作的认识。例如，小事做不好，大事能不能做好？自己管不好，能不能管好别人？大学四年毕业你认为最终会剩下些什么等。这是辅导员对班委的培训，至于正常的学生干部培训和团干部培训就是之后的事情了。

3. 管理理念

班委选举产生了，班级的事务就放手不管了吗？答案当然是否定的。《庄子》：筋力之士矜难，勇敢之士奋患。管理理念的建立是从讲授《大学生就业指导》课开始的。最开始的几年，只是管，没有理一理，谈不上坚持什么样的管理理念，更不可能有科学管理的意识，管理既是科学又是艺术，值得深究和研究。备课的时候，有一个章节是谈职业道德，即工作中应该遵守的准则、情操和品质。既然是职业，那么辅导员这个职业也应有道德要求，于是开始从辅导员管理中应该遵循什么的样的职业道德延伸至应该有什么样的管理理念。其实职业道德是管理理念很重要的组成部分。管理理念顾名思义就是想法和遵循的道理和观念。下面只谈几个浅显和容易忽视的理念。

（1）你不管他，他不理你。其实这是个很简单的道理，却常常视而不见。管理学生时，管多管少区别很大。有的学生和老师感觉很亲近，很多时候是因为老师或直接或间接地让他感觉到在被管理；有的学生和老师形同路人，有一个原因是老师没有对他形成管理印象。去宿舍检查卫生时，有的宿舍非常配合，迎来送往、端茶倒水，和老师谈得有声有色，这里面往往有老师交流比较多的学生；有的宿舍，学生各忙各的，甚至有时显得很不礼貌，仔细想想也许里面有的学生名字都叫不出来。年轻辅导员在面对各类成绩排名有时一头雾水，为什么宿舍成绩不好，为什么那个成绩提不上去，为什么违纪总是这么多。其实最根本的原因是管理没有到位，有时管理到位了效果都不一定理想，更不要提管理不到位和管理缺失了。

（2）你不爱他，他不爱你。爱和管理不尽相同，却有相通之处。爱往往代表着无私，不管什么目的和结果，不要求回报，这一点和管理不同，因为管理就是要求见效果。对学生的爱必须内化于血液，作用于全身，形成一种思维定式，即一切的前提必须是爱，一切的落脚之处也必须是爱。这样工作的结果就是学生也敬爱老师，有人会问这样有什么用吗，有些事情做之前不会考虑它的功用，但是它的功用一直都在。爱的力量是制度的力量无法比拟的，一份关爱、一份鼓励，会让人惊讶于它的回报。这个道理是工作的第一年就体会到的。很多评估和检查落实到基层往往会有放大后的效果，比如卫生。严格苛刻、无死角是某一年上级来评估学校制定的卫生标准，所以灌木底下积攒的落叶也需要清理，学生们分成几个组开始忙碌，各组进度不一、效果各异。一个之前谈过话的贫困学生，谈话时被他困难却志坚所感动，曾提到老师住学校的单身宿舍，有时间请他到餐厅一起吃饭（暗示给学生改善一下伙食，吃点好的）。清理落叶的时候，这个学生不像别的同学一样用扫帚和簸箕清理落叶，因为用这些工具很难清理灌木底下，而且达不到彻底和无死角。他挤进灌木丛中，卷起袖子，用双手把枯枝烂叶从灌木下扒拉出来，汗水和灰尘混在一起，劝他出来也总是说没事。更让人震撼的是之后发生的事，各个系的枯枝烂叶让垃圾箱爆满，负责托运走的小时工声称只负责垃圾箱外堆积的，而垃圾箱里面的不归他们管，正当时间紧任务重，准备请示领导的时候，这个男孩子跳到垃圾箱里面用一个铁锹开始往外运枯叶和垃圾，之后当然是赶紧把他叫出来，但他的行为让我的记忆历久弥新。我相信，用制度和严厉去管理的话，永远做不到让人心甘情愿发挥出这样的能动性，不管是普通同学还是学生干部（这个学生后来在地方政府的组织部，始终积极乐观）。

（3）清晰、明确地传达和建立学生、学生会的品格和文化。学生会的文化在其他部分会谈到，这里只说说学生个人的品格和文化。学生入学后常常有各种形式的入学适应课、入学报告会、交流会，除了宣讲社会主义核心价值观中个人层面提到的四个品格建设，国家层面的文明、和谐放在个人身上也比较合适。那么除了这些还应该传达哪些品格和文化信息呢？笔者认为，首先是勇敢，《庄子》里面对勇敢的解释是能够除去祸患，这里面的“患”应该是有一定规模的，小小的“患”估计和勇敢不沾边。古人云：退一步海阔天空。有时，勇往直前和海阔天空都需要莫大的勇气，解释勇敢的概念可以让学生在方方面面受益匪浅。我们认为勇敢可以定义为：不卑不亢。这个词常常是对外交家的评价，其实对每一个人而言何尝不是如此。每个人之间在人格上都是平等的，不管学生、学生干部还是老师；每个同学都有自己的长处，只是没有挖掘到和没有锻炼好；每个同学的智力水平都差不多，学历层次差不多，而且智力商数都在一个区间；每个人的长相都是天生注定，可以自己主宰的是健康的生活方式和自信的生活态度，长久吸引别人的是后者，以貌取人很快就会视觉疲劳。明白这些道理，在生活、学习、工作、人际交往等方面采取不卑不亢的态度依然不容易。鲁迅先生给国人分析了很多劣根性，这些劣根性生根、开花、结果用了五千年，很多已经内化在灵魂深处，成了集体无意识，所以勇敢真的不容易。其次是完美。细节追求到极致就是完美，学生对学校、对学生会常常抱有一种过客思维，毕竟只待四年，什么事情能过去就好，不需要追求细节和完美，人生的每一个阶段似乎都这样过来了。曾经问过同学们一个问题，有没有全身心地计划一件事并付出百分之百的努力把它完成，而且能够体会到完成和收获的喜悦，很多同学都摇摇头，这其实也是快餐文化的一种弊端。不追求完美和细节，实际上是变相的不负责任，对自己也对别人，留下的是一种得过且过的学习风气和工作作风，赢得的是少得可怜的荣誉和收获。

三、大学生恋爱的应对

案例概述及分析：

学生小李大学二年级时谈了一个三年级的男朋友，不在一个系院，两个人的家庭也不在一个城市。两人确定恋爱关系的时候，男朋友还在宿舍楼下拿着鲜花进行了表白。然而浪漫的氛围没有维持多久，男朋友毕业考研离开了学校，天各一方的两个人感情出现了问题。在毕业之后去哪个城市、陪伴父母、学业深造等一系列环节都产生了不小的分歧。毕业之前的小李心情烦躁，学习上波动很大，因为感情问题自己对是否考研不再像以前那样坚定。

看到一个优酷视频，一群大学生假装给父母打电话，说自己恋爱了，录下父母接到电话的反映，有的答复令人忍俊不禁。想起看过的《心灵捕手》（马克达蒙主演），里面的麻省理工学院的清洁工，平时去建筑队干活的小混混，去哈佛大学玩，用自己渊博的知识逗哈佛的高才生，然后一见钟情于一个明丽的女孩。想起看过的一段话，女人最喜欢男人的六种理由，一个是果断、一个是光明、一个是胆大、一个是担当、一个是理智，当然还有浪漫。仔细看看《心灵捕手》突然发现这个酷爱读书的小混混其实除了有时打架不太理智之外，是个很完美的人。他不急不躁地在麻省打扫卫生，看着楼道里面教授出的世界级难题，云淡风轻地在黑板上演算出结果；按部就班地每天读书和惹是生非，令他自豪的不是读书获得的知识而是敢于反对虚伪浮躁的拳头；认为没有价值的事情，即使富丽堂皇也闪耀不了双眼。最令人惊讶的是那个作为配角的女孩，哈佛的高才生却设计为小混混的爱人，这本身就需要勇气，而且她不是那种好看的只是那种耐看的。面对爱人，不卑不亢是多么重要，这意味着平等、意味着尊重，只有这样才有真爱。女孩没有摆出哈佛的架子，也没有因为热恋而放弃学业，哪怕是一次作业，没有轻视男孩的狐朋狗友，也没有显得很轻浮，反而故意地讲个荤段子要融入那个圈子，可喜的是她成功了，不是因为那个荤段子，而是因为她的真诚和真实。面对分离有哭泣，只是生活还要继续。如云卷云舒一般地娓娓道来，生活如展开的画卷，细细品味。

这样的爱情赏心悦目，比火急火燎地在校园内外大秀爱情，撕心裂肺地宣泄失恋的痛苦要美得多；这样的爱情像走过蛮荒的越野车，精致而不失粗犷，这样的爱情讲究心灵的契合和人性的完善，讲的是敢于面对的担当，讲的是铮铮作响的傲骨，比自诩风流、表里不一、不学无术、市侩气息浓重，满嘴顺口溜，没有一丝责任感的那些所谓真爱强得多。可惜的是口味不同，肠胃不同，能不能做到吃嘛嘛香全看个人了。一见钟情、一厢情愿还是一往情深——不如三思而行，大学生对于爱情深思熟虑的少，守不住寂寞的多。紧张充实的军训刚刚结束，有的男女生已经成功组队开始恋爱了，不得不说是个神奇的事情，早上六点到下午六点，晚上在各自的男女生宿舍休息、整理内务、学习军事理论，怎么还有时间和机会去完成因为某些闪光的事情而相互吸引、到互相深入了解、到表白心声、到顺利组队这样的过程。唯一的可能就是大学生的恋爱很多都是冲动和过程简化的结果，就像不尊重对方一样，对恋爱本身也不怎么尊重。

想起看过的金庸先生的书，里面的人物鲜活得就像在眼前，里面的爱情总让人回味和唏嘘不已，有的让人感觉情理之中又意料之外。小姑娘阿紫因为从小的成长环境生成了一副狠辣蛮横的心肠，在一群寡廉鲜耻同门的环绕下，没有表现出一点内心软弱的样子，是个极度缺乏关怀和真情的美丽姑娘。姐夫乔峰在姐姐去世后担当起照顾她的责任，因为受伤的原因，两个人共同生活了几年，故事没有暧昧地告诉大家阿紫和乔峰日久生情好上了。按说一个美丽年轻，一个是盖世英雄，整天看似耳鬓厮磨的样子，又怎能不出事，如果阿紫和乔峰是大学同学估计军训之后就搭档成功了。什么原因让两个人没有在一起，思前想后只是因为“爱情”两字。乔峰感伤于爱妻的离世，对于爱情一事暂时没有考虑，永远不考虑是不现实的，毕竟过去传统的观念里无后是一种最大的不孝，号称忠孝的乔帮主当然不能做出这样的事情，说明乔峰对于爱情有一个明确的认识，战胜欲望对于他而言很容易。是他不会谈恋爱吗，当然不是，许下塞外牧马，逍遥自在的诺言，乔峰的情话起码过了四级水平。除了爱情疗伤之外，那个时候正处于乔峰人生的一个关键时期，忙着考虑清楚自己是谁，未来的路在哪里？武功修炼到顶级了，世界观、价值观和人生观的修炼仿佛才刚刚开始，他得把这事想个明白，践行个清楚才行。可以说乔峰是个有大局观，有规划和责任感的人，自己的事情没处理好之前，没有时间也没有心思谈恋爱。阿紫放在现在就是个集美貌、智慧于一身的小萝莉，对亲人春风拂面，对敌人寒风凛冽，对别人不假辞色，对爱人爱护有加。自从认识了乔峰，被他对待感情的真挚打动之后，阿紫基本上就剩下了一个路线，努力让自己变得更好去配上乔峰。阿紫的眼光不得不说真的很好，她的师兄弟里面有的是风流倜傥和武功一流的人，有的光名字就能把人甩个几条街，比如摘星子，他们在社会上也算是混得风生水起的人。阿紫从小在弱肉强食的环境里面生存，从哪个方面说她都应该早早解决个人问题了，简直是邪教里面的一股清流。她最终选择和认可了乔峰，乔峰对人好，对爱情负责任，尊重自己的爱人哪怕她已经去世了。两个人认识的时候乔峰就已经不是帮主了，之后的生活颠沛流离，一直属于自给自足的情况，阿紫也从来没有抱怨过，反而觉得这样的日子永远过下去才好，乔峰后来位极人臣又舍弃职位回归平民，阿紫从来没有对此有过意见。可见阿紫对自己的爱情有个清醒的认识，她没有把面包、帅气和面子放在第一位，她需要的是有安全感和责任感的爱情，当她又丑又病都没有放弃她，当她恢复光彩靓丽后没有亵渎她，阿紫是个绝顶聪明的女生，她知道这样的爱情像钻石一样可贵，花言巧语和贵如钻石的礼物都打动不了她，因为她知道那些代表的不一定是有安全属性的爱情，有可能只是欲望的化身，故事的最后她用另一种方式捍卫了自己的爱情，让人为这样一位女子唏嘘不已也感动不已。

象牙塔里的爱情是个人自主的事情，男生不妨学一学乔峰，先看看自己的学业是不是“炉火纯青”，对自己的未来有没有一个清醒的规划，对待爱情会不会只看重外表；女生不妨学一学阿紫，认定一份爱情的时候，掂掂这份爱情里面有多少责任和安全感。男生和女生都考虑一下对方是因为长久的价值观、人生观共鸣而认可了自己，还是发生了“一见钟情”这种不科学的事情。有人说，不理性本身就是爱情的特征，哪有科学不科学。有人说，爱情是一杯水，没有续杯。还有人说，爱是尊重。大学的爱情是昂贵的，大学生们准备好需要付出的代价了吗？

四、学生上课质量的案例与分析

案例概述及分析：学生小钟是个整体表现还算良好的学生，学期之初他被自己上课犯的一点小错难坏了。学校实行上课手机“零”使用制度，也就是上课不允许使用手机，在不使用的情况下拿在手中和放在桌上都是不允许的。因为制度刚刚执行，没有在意的小钟随手就把手机放在了桌上，之后被老师检查并没收了手机。处理的决定让小钟很为难，他只能在学期末领回手机，面对着是再买一部还是忍耐着一个学期不使用手机的选择，小钟犯了难。

检查上课是从教室开始流动才严格起来，在“一个萝卜一个坑”的阶段，上课查人太容易。不再固定教室之后，打扫教室卫生消失了，旷课的开始增多。大家零散地坐在教室里，有一种自由的氛围弥漫开来，老师讲得好或者课程很重要，大家就认真些也靠前些，老师照本宣科或者课程本身就枯燥，大家就散漫些也靠后些。教室是否固定不是讨论的重点，十几年的时间大学生们上课都在玩什么可以梳理一下。

21 世纪初，手机刚刚兴起，摩托罗拉、诺基亚还占领着大部分的手机市场。学生群体中可以消费手机的人数有限，当时手机的功能也有限，上课玩手机的现象凤毛麟角，极个别会出现上课过程中听到和弦的声音。同学们在课上不认真听讲的方式主要包括神游四方和阅读其他书籍。

随着时间的推移，手机进入寻常百姓家，但网络发展滞后。所以手机成了游戏机，这从一个方面解释了诺基亚等手机质量在当时看为什么那么过硬，不过硬不行啊。因为不能上网，所以玩手机还停留在单打独斗的阶段，对于上课的影响还限制在玩手机的学生本身。在检查中还没有引起重视，也没有单独的措施针对这个问题。

2010 年左右，网络像高速公路一样铺遍了身边的每一个角落，不是在上网就是在上网的路上，甚至路上也能上网。上课成了一件难事，考验着同学们的意志力，考验着系院的管理能力。上课刷朋友圈、玩微博、购物、玩网游、看小说，上课的内容不再单一，而是太丰富。为了保证课堂质量，采取了各种各样的措施。分别分析一下：第一种是惩罚式。发现玩手机，根据相关规定和违纪次数，给予相应的通报甚至处分；第二种是预防式。包括上课交手机，下课归还的手机袋制度。还有上课不允许开机或者上课不允许带手机的各种不允许制度；第三种是直接处理式。上课有上课的分数，任课教师发现后可以直接针对违纪情况，扣除相应的上课分数，扣得多了那么在年终考核中这门课就有挂科的可能。

上课的秩序仍然在检查和手机的博弈之中，笔者认为需要做好以下几件事，上课的秩序才能控制。一是网络的精准屏蔽。教室和教学区域除了有线网络用来上课教学使用之外，无线网络应予以精准屏蔽。二是上课教师严格“执法”。很多高校教师不太在意上课同学们听不听，他们可能认为大学生已经是成人，苦口婆心地耳提面命已经不适合他们，高中老师的做法大学老师去做会感觉很可笑，所以高校教师很多“执法”不严。还有就是太严格好像是对自己上课没有信心，似乎用这种方式让大家听课是对自己学识的一种侮辱。不管是何种因素吧，大学教师很多专注于教学，而不注重维持课堂纪律，一句话：爱学就学，不学那是你的损失。目前大学不断扩招的前提下，高校大中专学生人数众多，不再是精英化教育，大众教育建议采用更严格的教学要求，来应对越来越严峻的上课形势。课堂上教师是主宰，一堂课不能总是让检查人员去检查手机，但是教师可以随时掌控形势，随时教育。三是表面工作做好。标本兼治是硬道理，前两条是治本的办法，这一条是治表的办法。有人说应该对学生开展思想教育，教育他们上课不要玩手机，以学业为重，这种做法只是治表，包括上课检查手机、收手机和事后处理学生也只是治表。网络时代的同学身上都有网络时代的特征，他们生活的方方面面都与网络息息相关，思想教育就像隔靴搔痒，动作规范也必须去做，但效果不明显。真正的办法还是从源头上把它遏制住，只有认清了这点，上课和手机的这对矛盾才能很好地解决。

选修课的检查一直是大学课堂的重灾区。不同专业的学生齐聚一堂，一个班可能只有很少几个同学选修了这门课，系院去检查太分散，工作量太大。上课教师查太严，一是对这个教师提出了高标准严要求；二是太严了还有多少同学以后愿意选修这门课。如果选修的人员少了那么这门课的生存就会出现问题。选修课的检查很大程度上依赖任课教师的检查，但人为因素多的地方检查往往形同虚设。

五、暑期社会实践的案例与分析

案例概述及分析：指导大学生暑期社会实践工作是从2004年迁入新校之后的事，之前的社会实践由另一名辅导员负责，2011年改名为全国大中专学生志愿者暑期文化科技卫生“三下乡”社会实践活动，起始时间是1997年。2008年之前的暑期社会实践因为组织经验不足和缺乏有经验老教师引领，感觉自己做的没有新意和力度。2009年的暑期社会实践活动开展让我印象深刻，之后的社会实践和“三下乡”就有序得多了。

2009年暑期社会实践是在黄河边上的一个小学，第一面的印象就是没有多少固化的地面。除了主路之外，基本都是硬土地面。小小的操场，光秃秃的，附近村里面有些孩子，里面很多是留守儿童，暑假了他们也没什么事情，社会实践主要是给他们补习一下课程中不懂的地方，教教舞蹈和体育，当然是义务的，有点像看孩子。

去之前照例是团队的选拔、组建、培训和动员，必需的用品都要提前整理好，床铺、生活用品以及锅碗瓢盆零零散散一大堆。本着不拿群众一针一线的方针，小到蚊香大到蚊帐，准备得很充足。

到了学校迎接队伍的是校方代表和村里的代表，学生们表演了节目，简单的几个舞蹈和歌舞，还有专业的武术表演。整个工作开展得很顺利，男生多数都住在小学的教室里面，女生和一部分保证女生安全的男生每天往返。大家身上都被蚊虫咬得一团一团青黑色，乡村的蚊子总感觉毒性特别强，估计是纯天然的结果。孩子们每天都来得很早，他们喜欢社会实践的同学们。之前社会实践空闲时要么早早返回学校，要么娱乐休闲一下，打打球什么的。这个学校的操场不适合成人运动，因为球篮太低了，怕给打坏了，返回学校又太远。所以我们决定在放学之后到孩子们的家里去看看。过程不提，社会实践的同学回来之后自发地给孩子们凑钱买了好多文具和吃的（几大包棒棒糖）。临走的时候，体验到了什么叫依依不舍。谈不上给孩子教了多少知识，就是那种陪伴难以割舍，一个个哭得满脸鼻涕和眼泪，也许是孩子们太小的原因，他们的感情那么直白和不隐藏。好多实践的同学也哭了，回来的总结会上，我第一次没有见到结束后的兴奋和放松，大家都很沉静，我知道他们还会回去，去看看那些孩子，后来我也去了。

2010 年的社会实践，我们在另一个也是很远的村。下大雨骑着电动车，冰冷的感觉让自己麻木。第二批学生经过上一批学生的培训，他们对社会实践在心里有了新的概念。于是我们在课余时间，开始到地里去干农活，这和我们的实践内容完全不一样，听起来很傻，不过很自然。记得一个农妇和她大学暑假回家的儿子施肥，一家两口人，人力拉着施肥的机器，两个人步履蹒跚。实践学生嘻嘻哈哈地替他们拉绳子和施肥，在一边好不容易休息一下的母子，我能看到他们眼里的感动。那个大男孩手足无措地问我们是哪个学校的，那一刻口中说出的校名让我感到光荣和自豪。他的肩膀和实践学生们的肩膀上都是红红的勒痕，后来才知道，我们干得很卖力，但是因为不会干农活，所以其实施肥的效果不怎么样。志愿服务，我们去的时候是有内容和形式的，我们开始的时候能帮什么就实践什么。那些年，“傻傻”地感动了自己好多次。

志愿服务注意事项：首先是安全。安全是志愿服务的首要考虑因素，只要是校外社会实践来来回回，除了老师跟随之外，交通安全要考虑在内。乡村的道路上超速行驶和不按照交通规则行驶的情况时有出现，志愿服务的季节多雨炎热，对交通安全来说也是不利因素。其次是女生的安排。原则上女生必须住在宿舍内，来回较远如果有车辆也要看看车辆的状况，自行车往返一个多小时的情况常有，感觉很远，但相对安全，而且同学们有说有笑的不会感觉路途很长。最后是不要给志愿服务定些框框。力所能及的事情，看清事实到底如何，该主动工作就主动工作，自己能力有限的时候还有网络，可以在网上做个志愿服务的接力者，把接力棒交给网络来寻求更多的帮助。

六、学生挂科的案例与分析

《易经》：取法乎上，仅得其中；取法乎中，仅得其下。如果把学业定位在不能挂科，那么挂科离得还会远吗？

挂科学生接触过太多太多，少到一门两门，多到拿不到学位的十三四门，甚至于有自己放弃学业直接投身社会的。针对这类同学开展德育工作需要特别慎重，因为他们的变数相对更大。挂科的同学中有考研成功的、升本成功的、创业成功的、出国成功的，出国之后还有准备衣锦还乡的，当然也有黯然毕业的、拿不到学位的、稍有改变的。

案例概述及分析：第一个挂科的同学已经记不得，现在的同学相对来说挂科的数量比以前多。学生晓鸿是个偏科比较严重的学生，他的数学成绩在高中时代就非常差，按照他自己的形容就是基本听不懂，而他大学的专业居然选择了一个工科专业，可想而知晓鸿的学业成绩，工科专业很多都需要数学作为基础，晓鸿在大学三年级时就有十几门课程不及格，最终没有拿到学校的学位证书。这里面固然有偏科的问题，然而他自己没有努力自学把课程补上也是症结所在。

个人分析原因包括：一是高校扩招，学生录取成绩下降，大学课程更新换代、提高难度和广度的同时，学生挂科更容易了。二是学生对于挂科的认识处在逐步变化中，随着挂科不要缴纳挂科费用或重修学分的费用太低，相应的成本随着心理成本一起下降。三是学生数量多，管理强度和力度相对减弱。“苦口婆心”地谆谆教诲面上简单覆盖可以，定点投射也可以，大面积轰炸很难做到。

仔细梳理挂科的学生，发现他们有些显著的特征。包括：第一，考试准备往往不充分。这种准备有上课不认真听讲，复习的时间不充分，作业有抄袭现象等。第二，有一部分学生来学校就是为了混日子、拿文凭，挂个几科无所谓。第三，没有计划性。学习没有近期目标、中期目标和远期目标。俗称：没有梦想，和咸鱼有什么分别。他们觉得高中那么累，高中老师说了，去大学就是享受就是玩，只需要在高中拼了就行。他们没有意识到，随着扩招的到来，现在的大学替代了一部分高中的职能，所以，高中老师的说法是错的，大学不是来玩的，大学应该和高中一样拼才对。第四，缺乏关乎学业的梦想。挂科的同学不缺少梦想，他们有的想创业、有的想参军、有的想考公务员等，但往往对目前的专业学习没有一个梦想级别的概念。

德育开展不建议首先指出挂科是否错误，必须改正。而是通过了解学生情况，看看他属于哪种情况。如果仅仅是没有计划、目标和梦想，那么就引导同学制定一个简单的目标试试。这里就牵扯到一个习惯解决的问题。双手交叉，每个人都有一个习惯的手指错位，如果改变错位的方式，会感觉别扭，这种别扭就是习惯的改变。来到大学出现挂科的情况，最短也得一个学期以上了，懒散的生活节奏，无目的的学习状态早就成为一种习惯，想要改变学生的这种习惯并非易事。习惯无论好坏，养成容易，改变难。没有改变习惯的经历，尤其是刻意改变习惯的经历的人，简单几句话说：你必须改啊，你不改会怎么样等。其实这样的话效果一般，建议采用举例引导的方式，甚至可以从学生感兴趣的方面，先让他完成一次习惯的改变，体验从中带来的快乐。比如可以让学生从简单的每天学习几个单词，以一周为单位，先完成个几周试试；又或者让学生先养成跑步健身的习惯，每天一千米，先完成一周试试。当然这些只是建议，没有硬性要求，建议的结果是不管学生做不做，他会知道其实习惯养成了改变是有难度的，这样他就会对挂科有了清醒的认识，挂科是不良学习习惯的结果。对于那些学习习惯不错，只是因为种种原因对专业不感兴趣、不用心的同学，其实这些同学不明白一个道理，不管学习的哪个方面，问题总会不断地发生。等到真正感兴趣的出现了，想让自己再重拾学习这把利器，往往不会得心应手，因为学习的能力放下太久，总会出现荒废的情况。

大学生在校其本职工作是学习，不管从何种意义上讲，挂科都是对学生这个词的不尊重。《易经》：取法乎上，仅得其中；取法乎中，仅得其下。意思非常容易懂，放在很多地方都适用，放在学习、学习计划、梦想等方面也很有指导意义，也就是现代人常说的树立一个踮起脚尖就能摸着的梦想，这样比较起来，还是古人的话更加凝练。机会垂青有准备的人，这里的准备就是为了既定的目标去努力。没有目标，以及不行动的人，机会来了往往不是抓不抓的住的问题，而是主动权在不在自己手里和有多少人做得比自己好的问题。

七、德育工作落脚点——与学生谈话

找学生谈话是德育教师最重要的工具，没有之一。谈的次数少，谈的内容少，谈前谈后思考的少都不能体会到它的重要性。

学生与老师谈话，他们多数都有紧张和不安的情绪，谈话之前要和他们讲清楚为什么谈话，有时候可以善意地隐瞒一部分谈话目的，轻描淡写地告知学生只是随便聊聊。营造一个相对融洽的谈话环境，给学生一个地位平等、人格平等的对话空间，哪怕是违纪的学生。

（一）谈话的几种情况

1. 批量有目的谈话

批量谈话指一批一批带有共同目的谈话的情况。如：一批所有经济困难学生谈话，一批所有违纪学生谈话。批量谈话的好处是目的明确，有的放矢。能够很好地进行比较，由于有数据的支持，问题分析上更为准确。不足之处是目的性太强，不便于了解其他情况，被谈话学生容易了解谈话主题，个别会产生抵触心理，容易给学生归类。

2. 批量无目的谈话

指的是指定一个范围，逐一进行谈话，谈话旨在了解学生情况，与学生进行沟通，未设定明确的目的，如某个班每一名同学的谈话等。这一类型的谈话在新生入学等关键节点使用比较多，谈话的内容涉及学生学习、生活、工作等方方面面，能够起到熟悉学生、联络感情、掌握信息等作用，缺点是重点不突出，如果不能敏锐地发现问题，那么很容易让一些本应该深谈深究的问题溜走。

3. 个别或少量有目的谈话

这一类谈话应该是德育教师普遍使用的一类谈话方式，谈话的对象包括所有的学生，针对他们学习、生活、工作等方面的具体问题进行谈话。目的性十分明确，往往开门见山。

4. 个别或少量无目的谈话

这一类谈话常常是随机产生的，没有预定的目的。

（二）与学生谈话的重要性

与学生谈话并不局限在办公室，有时在宿舍内、教室内谈话的效果更好。在关键的节点、节日和特殊事件发生前后，与学生谈话会起到意想不到的作用。与学生谈话的重要性表现在以下几个方面。

1. 可以熟悉学生

目前德育教师每个人管理的学生常常在几百人，有的甚至近千人，谈话可以迅速让教师和学生熟悉起来。每个年级都有经济困难学生、外省学生等相对特殊的学生，老师可以很好地了解这些学生的家庭和家乡等信息，达到指导工作开展的目的。

2. 获得学生信息

除了获得谈话学生的信息，还可以获得学生所在宿舍、所在班级、所在年级的信息，可以获得学生对系院的认识、对学生会的看法等信息。这些信息是宝贵的，从档案、会议和课堂上难以获得，可以说是谈话的重要目的之一。

3. 获得学生认同

德育教师要牢记的一句话是“亲其师信其道”，其实反过来讲更合适，信其道方能亲其师。学生不会无缘无故地和老师亲近，当然不排除个别相貌出众的老师，但这里我们讨论的是多数情况下。人和人之所以成为朋友，很重要的原因是价值观的交流和认同。接受别人的价值观，给别人谈谈自己的价值观，也就是互相说说自己对事情的认识和看法，以至于说说自己是如何对人对事的。老师想要获得学生的认同，谈话是必需的，没有谈话就没有价值观的交流和认识上的交流。亲近和信任、信赖也就无从谈起。

4. 工作需要

几乎所有的学生工作都是建立在第一手资料的基础上，第一手学生资料有的来源于学生的高中档案，有的来源于学生的各类登记表，但最翔实和最完整的资料都在与学生的谈话中。国家奖助学金的评定，有硬性的条件，也有软性的比较，家庭到底什么状况，父母的身体健康状况，需要一点一点地谈出来。违纪学生处理和转化，为什么违纪，受什么影响等，这些用数据是体现不出来的。想要把工作做细、做完整就必须要做好与学生谈话环节。

5. 工作性质决定

德育教师的工作性质已经决定了必须把与学生谈话作为主要的工作手段。德育顾名思义是对政治、思想和道德进行影响，谈话是最重要也是最直接的影响手段。面对面地谈话效果最理想，因为它是点对点、面对面的。

（三）与学生谈话的几点个人技巧

1. 谈话之前熟悉学生的基本信息

学生入学之初都会采集照片和基本信息，在学生谈话之前应该熟悉他们的基本信息和长相特征，不要出现张冠李戴，让学生感觉老师对自己很陌生的情况。熟悉学生信息会让学生感觉备受重视，先入为主地认为老师对自己很了解、很关注。很多毕业多年的学生与老师一见面就会问，老师你还记得我吗？有的学生甚至在电话里面问老师你听出我是谁了吗？这样的情况如果回答正确，那么学生会特别激动，没有其他原因，只是因为老师的关注对学生而言是一种肯定和尊重。

2. 谈话不要拘泥在办公室

检查宿舍的时候可以和同学们聊聊，军训场地上可以和同学们聊聊，去食堂吃饭可以和学生坐一桌聊聊。谈话的诀窍是多与同学们接触，谈话的时候有针对性地了解学生周边的变化，以获取信息为目的，空谈和娱乐为目的的谈话可以有，但主要以调剂氛围为目的，如果整个过程全是闲聊，那谈话就不是德育教师的谈话了，变成了只是普通的聊天。

3. 注意保密原则。相关谈话学生的敏感内容一定要注意保密原则，有的老师会对普通同学保密，但对学生干部、老师和班主任老师就不太注意保密的原则，其实对这些人说，和对普通同学说没有任何区别。敏感的内容主要包括：学生的家庭问题、学生的情感问题、学生的违纪问题等。这里谈到的违纪等问题不是平时意义上说的，学生平时的违纪该给予通报批评的还是要公开批评，以便对其他同学起到警示作用，这里的违纪有的只是口头警告或者学生疏忽大意造成的，没必要宣扬出去，那样会让违纪学生本来想要悔改的心产生其他的想法。

第三章

新形势下应用型高校大学生创新创业

第一节　新形势下应用型高校大学生创新创业概述与现行政策

一、创新创业的概述及发展背景

（一）创新创业概述

百度词条解释：创新创业是指基于技术创新、产品创新、品牌创新、服务创新、商业模式创新、管理创新、组织创新、市场创新、渠道创新等方面的某一点或几点创新而进行的创业活动。创新是创新创业的特质，创业是创新创业的目标。

创新是指以现有的知识和物质，在特定的环境中，改进或创造新的事物（包括但不限于各种方法、元素、路径、环境等），并能获得一定有益效果的行为。

创业是创业者对自己拥有的资源或通过努力对能够拥有的资源进行优化整合，从而创造出更大经济或社会价值的过程。创业是一种劳动方式，是一种需要创业者运营、组织、运用服务、技术、器物作业的思考、推理和判断的行为。

这里的创新创业两者紧密联系在一起，不可分割来对待，但也不能忽视它们各自本身的特征和属性，这里只是简单地了解概念。

（二）我国创新创业的发展历程及当前背景

1. 我国创新创业的发展历程

我国自古以来就是个善于创造发明，想象力和创新能力很强的国家。四大发明、算学、建筑学、水利学等，都是我们引以为傲的例证。从文学到理工，从地理到天文，中华文明里面从来不缺少创新的因子。创业方面有徽商、晋商等响彻古今中外的名字，他们用诚信和精明把创业的脚步走到了国门之外。

改革开放之后，我国的创新创业迎来了三次高峰，分别是 20 世纪 80 年代、20 世纪 90 年代和 21 世纪初，它们分别以改革开放、互联网浪潮和“大众创业、万众创新”为代表。1999 年，清华大学举办了高校第一届创业计划大赛。2002 年，教育部确定了北大、北航、人大等九所创业教育试点高校，这是国内高校创新创业教育的起步。

2. 我国创新创业当前背景

“大众创业、万众创新”的号召，最早是在 2014 年 9 月的夏季达沃斯论坛上提出的。李克强总理提出，要在 960 万平方公里土地上掀起“大众创业”“草根创业”的新浪潮，形成“万众创新”“人人创新”的新态势。此后，他在首届世界互联网大会、国务院常务会议和各种场合中频频阐释这一关键词。每到一地考察，他几乎都要与当地年轻的“创客”会面。他希望激发民族的创业精神和创新基因。之后李克强总理曾经一周之内三提“创新创业”。2015 年 7 月 9 日，李克强在主持召开部分省（区）政府主要负责人经济形势座谈会时强调：“促进和巩固经济稳定向好，必须着力以推进结构性改革促结构调整，坚持把简政放权、放管结合、优化服务推向纵深，实施创新驱动，加快打造大众创业、万众创新新引擎”。7 月 10 日，在听取专家和企业负责人意见建议时，李克强再次强调：“要大力推动大众创业、万众创新，支持创新型企业特别是创新型小微企业发展，让各种创新资源向企业集聚，让更多金融产品和服务对接创新需求，用创新的翅膀使中国企业飞向新高度。”

《国务院办公厅关于发展众创空间推进大众创新创业的指导意见》提出：到2020年，形成一批有效满足大众创新创业需求、具有较强专业化服务能力的众创空间等新型创业服务平台；培育一批天使投资人和创业投资机构，投融资渠道更加畅通；孵化培育一大批创新型小微企业，并从中成长出能够引领未来经济发展的骨干企业，形成新的产业业态和经济增长点；创业群体高度活跃，以创业促进就业，提供更多高质量就业岗位；创新创业政策体系更加健全，服务体系更加完善，全社会创新创业文化氛围更加浓厚。

至今，我国大学生创新创业呈现出政策舆论全方面支持，创新创业浪潮迅速席卷全国各大院校的良好势头。

二、国内外大学生创新创业现状

自1999年高校开始扩大招生规模以来，高校毕业生就业率日趋下降，而2008年开始的全球性的金融危机更是让就业形势变得不容乐观。据教育部官方网站公布的数据显示，2011年全国高校毕业生为640万人，当年就业的毕业生为490万人左右，超过150万人的学生尚未就业；2012年全国高校毕业生为680万人，有近180万人尚未就业，而2013年全国高校毕业生为699万人，加上上一年度未就业的人数，有300多万人尚未就业。依据上述近3年的数据来看，我国高校毕业生就业形势十分严峻。更有专家预言，未来5年，我国大学毕业生就业问题将更加严峻，因此目前全社会都在高度关注大学毕业生的就业问题。依据中国权威专业教育研究机构麦可思研究院发布的《2010年中国大学生就业报告》《2011年中国大学生就业报告》《2012年中国大学生就业报告》这三份研究报告显示，目前大学毕业生就业难是由多方面原因造成的，供需严重失衡是关键因素，就是说大学毕业生人数大过岗位增加数，而且从总体上看，大学生就业供过于求的这种局面还将长期存在。这样的大背景下，大学生创新创业成了疏通大学生就业问题的重要渠道。因为我国的大学生创新创业起步相对较晚，所以面临的问题和不完善之处还有很多。总体来看，我国大学生创新创业面临着四个主要的难题。

第一是课程设计问题。我国高校创新创业类课程设计较晚，课程普及出现于2010年之后。课程建设在完善之中，创业的课程起步尤其晚，虽然发展迅速，但在教材、培养方案、师资力量等方面发展严重滞后。大学生受到的正规创新创业课程教育的课时量和实践训练量比重并不大，授课内容浅尝辄止，学生很多做到了知其然，做不到知其所以然。创新创业还是停留在理论了解和知识点的掌握上，创新创业的比赛和活动纸上谈兵的多，实践操作的少。

第二是学生知识结构的问题。我国的教育模式里面实践操作的课程比重少，像实验、实训、见习等在大学生里面只是一种辅助教学的手段，其内容也多以专业为主，很少有综合类和创新创业类的内容，实践操作也往往依托于教材，教材之外的内容涉及很少，这就使得学生知识结构里面几乎没有创新创业的实践、实训部分。

第三是学生个人和家庭的观念问题。创新创业的观念在大学生和学生家长身上都比较缺乏，这与我国农业国传统的思维定式有一定的关系，按部就班、安土重迁，希望找一个稳定的工作，主要把学历和学位拿到等观念根深蒂固，甚至在某些传统的观念里面，创新创业有时和不务正业相去不远。支持创新创业的家长本身就少，有这样观念的学生有相当一批缺少家人的支持就不得不放弃了。

第四是创新创业本身的问题。创新创业需要资金、场地、管理和项目等。这些问题对于大学生而言可以说困难重重，解决了资金、场地，管理和项目又会出现问题，大学生本身在风险规避意识和商业运行管理上就十分欠缺，各类问题交织在一起，成为制约大学生创新创业的重重障碍。

国外创新创业教育开始于发达国家。尤其是在美国，创新创业教育深受重视，至今已有60余年历史。

如果我们的大学毕业生对创业葆有热忱，如果有更多的企业被创办出来，不仅能解决毕业生自身就业难题，还能容纳巨大的劳动力，同时给国家提供高额的利税。这些年来，我们国家也一直在鼓励大学毕业生创业，但一方面我国高校对创业教育不重视，另一方面对创业教育的理解失之浅表。据悉，美国大学生从来没有“分配工作”的概念。每个大学生毕业后都是自谋职业，社会和学校更大力提倡他们进行自主创业。目前，美国的创业教育已纳入到国民教育体系之中。

国外大学在创新创业教育方面各有特色，如积极推进课程和教材改革，适应国际化需求；实施人才培养方案的监控管理等，创新思想与创新教育。哈佛大学的创新性教育打破了以教师讲授为主的教学模式，主动培养学生独立思考问题和发掘问题的能力。课堂教学强调学生的积极参与，教学过程中重视的是得出结论的思考过程，并着力培养学生独立思考问题、解决问题的能力。针对社会对毕业生的期望，既要求具有高智商和创造性，又要求具有进行独立研究的能力；既要求有涉及理论研究的经验背景，又要求其他研究领域的潜在知识范畴。

结合国外创新创业经验，分析国内创新创业现状，针对创新创业的问题可以从以下几个方面进行改善。

1. 继续加强政府、政策方面的扶植力度

通过政策的约束和倡导，精准化、层次化开展创新创业的指导和规范，把项目、实践、训练进行统筹安排，让职责落实到位，坚持问题导向，提高宗旨意识，把政府引领的触角深入到大学生创新创业的方方面面。政府政策的扶持尤其要体现在社会保障和创业资金方面，有规范的创业融资渠道，有完备的失业保障体系，降低大学生的创业成本和心理成本。政府在细化和具体化国家扶持政策方面要精益求精，同时相关的法律服务要跟上，最好有专门的机构来管理，来容纳创业代理、行政审批、信息咨询等业务项目。

2. 完善大学生创新创业课程体系和教育体系

抓住创新创业发展的时机，利用政策优势大力开展创新创业学科建设，尽快形成完善的课程群，目前我国的创新创业还没有成为规范的专业或二级学科，目前它仍是一门课程，形成完善的课程群，再结合社会上迫切的需要，创新创业学科化指日可待。在完善课程群的时候建议与其他的学科进行结合，把农业、生物、医学、化学、环境等学科与创新创业进行渗透和互动，形成新的交叉学科，以扩大创新创业的学科范围。大学生创新创业教育体系也应该同其他教育体系相融合，如思想政治教育体系、心理健康教育体系、社会责任和道德教育体系以及各专业教育体系。创新创业并不是一个单独的教育载体，它需要多种教育体系的融合来强化其自身的完整性，如社会主义核心价值观和中国梦可以让大学生强化共产主义的信仰和理想信念，坚定立志创新创业实现社会价值、人生价值，实现国家富强、民族复兴的美好愿望。

3. 强化创新创业实践体系建设

创立并完善校内外创新创业孵化和实践基地，增加创新创业比赛，在社会实践、校园文化、科技制作、学科竞赛等方面加大创新创业比重，在学生实习、实训等环节加入了解企业运作、政策法规的内容。发挥优秀大学生创新创业典型的示范作用和成功的案例激励作用，邀请社会中成功的企业家、专家，采用讲座、座谈等形式，教育和鼓励学生，让学生在实践中激发创业意识、体验创业经历。

4. 完善创新创业保障体系

创新创业保障体系主要包括政策、社会和学校三个方面，国家的政策保障体系规定了大的方向，地方和学校的政策制定、资金运作、服务环境是对国家政策的细化注脚。目前由于大学生创新创业的社会效益和学校贡献率还处在一个比较低的水平，所以地方制度和学校规定方面的重视程度有待提高。高校中师资队伍是创新创业教育重要的基础和保障，师资队伍在通识课程和创新创业课程的授课时有相关的知识传授，但是否在所有的课程中都渗透有创新创业的内容和理念，这就需要学校加以引导和规范。校内外师资队伍的培训、实践，校内外实训基地的建设和完善，校内外专兼职专家的配备等，这些都是创新创业能否高质量开展的必要条件。

三、大学生创新创业现行政策及解读

（一）国字号文件相关政策和解读

大学生创新创业政策是如何演进的，早期的创新创业政策是如何设计的这里不再分析。现重点将国务院、教育部等相关的主要官方网站公布的近几年一系列国字号文件的相关政策进行梳理，具体到每一个省市只要把握好中央的文件，具体的地方政策性文件也就容易了解了。

（1）党的十八届三中全会精神和《中共中央国务院关于深化科技体制改革加快国家创新体系建设的意见》（中发〔2012〕6号）可以说是创新方面纲领性文件，根据文件精神出台的国字号政策和细则还有很多。例如，中国人民银行等六部门出台的《关于大力推进体制机制创新扎实做好科技金融服务的意见》的文件，主要包括：大力培育和发展服务科技创新的金融组织体系、加快推进科技信贷产品和服务模式创新、拓宽适合科技创新发展规律的多元化融资渠道、探索构建符合科技创新特点的保险产品和服务、加快建立健全促进科技创新的信用增进机制、进一步深化科技和金融结合试点、创新政策协调和组织实施机制这七个方面。这一文件的出台主要规范了创新融资和商业风险两个方面的运行机制，给大学生创新解决后顾之忧。

（2）2014年，国务院出台《注册资本登记制度改革方案》，该方案包含放松市场主体准入管制、切实优化营商环境、严格市场主体监督管理、依法维护市场秩序四部分内容，其中的保障机制设计很科学和规范。目前很多地方的相应政策已经出台，大学生创新创业办理注册的时候流程简便了，时间缩短了，需要的手续和材料简化了。

（3）2014年，财政部等四部门印发《中小企业发展专项资金管理暂行办法》，该办法包括九章四十五条，从名字就能看出这一政策很大一部分是针对创新创业而设计的，这一点在办法的第二条就给出了明确的说明：本办法所称中小企业发展专项资金（以下简称专项资金），是指中央财政预算安排，用于支持中小企业特别是小微企业科技创新、改善中小企业融资环境、完善中小企业服务体系、加强国际合作等方面的资金。

（4）2014 年，国务院办公厅下发《关于做好全国普通高等学校毕业生就业创业工作的通知》。该通知包括高度重视高校毕业生就业创业工作、鼓励高校毕业生到城乡基层就业、鼓励小型微型企业吸纳高校毕业生就业、实施大学生创业引领计划、深入实施离校未就业高校毕业生就业促进计划、加强就业指导、就业服务和就业援助、进一步创造公平的就业环境、推动创新型高校人才培养机制、加强对高校毕业生就业创业工作的组织领导十条。其中与大学生创新创业直接相关的内容有五条，该文件对大学生创新创业的政策优惠做出了明确的界定，如拓宽高校毕业生创办企业出资方式，简化工商注册登记手续。鼓励各地充分利用现有资源建设大学生创业园、创业孵化基地和小企业创业基地，为高校毕业生提供创业经营场所支持。对高校毕业生创办的小型微型企业，按规定落实好减半征收企业所得税、月销售额不超过 2 万元的暂免征收增值税和营业税等税收优惠政策。在电子商务网络平台开办“网店”的高校毕业生，可享受小额担保贷款和贴息政策。设立重点面向扶持高校毕业生创业的天使投资和创业投资基金。对支持创业早期企业的投资，符合条件的，可享受创业投资企业相关企业所得税优惠政策。

（5）2014 年，人力资源社会保障部等九部门出台《关于实施大学生创业引领计划的通知》，通知从普及创业教育、加强创业培训、提供工商登记和银行开户便利、提供多渠道资金支持、提供创业经营场所支持、加强创业公共服务六部分详细提出了扶持的政策措施，并提出了力争实现 2014—2017 年引领 80 万大学生创业的预期目标。

（6）2014 年，国家知识产权局下发《关于知识产权支持小微企业发展的若干意见》，该意见从扶持小微企业创新发展、完善小微企业知识产权社会化服务、提高小微企业知识产权运用能力、优化小微企业知识产权发展环境四个方面对小微企业的知识产权方面进行扶持。大学生创新创业项目里面相当一部分是依托于发明专利或实用新型专利，有的属于科研转化，有的属于科研运用，知识产权局的通知详细界定了小微企业的知识产权扶持政策，如支持创新成果在国内外及时获权，建立订单式专利技术研发体系，帮助小微企业进行专利创业和专利二次开发。这些政策缩短了专利申请和获批的时间，减少了程序的时间成本，为大学生创新创业走知识产权之路开通了“绿色通道”。

（7）2015 年，国务院办公厅下发《关于发展众创空间推进大众创新创业的指导意见》，意见提出了八点重要任务，包括加快构建众创空间、降低创新创业门槛、鼓励科技人员和大学生创业、支持创新创业公共服务、加强财政资金引导、完善创业投融资机制、丰富创新创业活动、营造创新创业文化氛围。

（8）2015 年，中共中央国务院下发《关于深化体制机制改革加快实施创新驱动发展战略的若干意见》，意见提出了到 2020 年，基本形成适应创新驱动发展要求的制度环境和政策法律体系，为进入创新型国家行列提供有力保障的战略目标。对高校科研起到了激励和导向作用，强化了大学生创新师资力量和科研力量的提升。

（9）2015 年，国务院下发《关于进一步做好新形势下就业创业工作的意见》，意见提出了进一步拓宽创业投融资渠道、营造宽松便捷的准入环境、培育创业创新公共平台、支持创业担保贷款发展、加大减税降费力度、营造大众创业良好氛围等意见，提出了大力举办创业训练营、创业创新大赛、创新成果和创业项目展示推介等操作性和实效性都很强的扶持政策。

除去以上列举之外，我国促进创业的法律、法规和规定主要还包括《就业促进法》《中小企业促进法》《高等教育法》《普通高等学校毕业生就业工作暂行规定》《关于促进以创业带动就业工作的指导意见的通知》《关于加强普通高等学校毕业生就业工作的通知》等。

（二）地方性文件举例和解读

让我们详细看看两个具体的地方性文件，来对照一下国字号文件在地方上的细化和执行情况，这样的文件在国内的各个省市都有，大学生们可以在当地的政府网站或职能部门网站找到。

1. 现行政策案例（1）：节选自南京市人民政府官方网站下发的《关于实施万名青年大学生创业计划的意见》。

（1）目标任务

①实施万名青年大学生创业计划。到2015年年末，力争扶持1万名青年大学生自主创业，带动就业5万人。

②建成大学生创业园（基地）20万平方米。市级大学生创业示范园面积拓展到1万平方米以上；栖霞区、江宁区、浦口区在大学城内或附近，各建1个面积1万平方米以上的大学生创业孵化基地；每个科技创业特别社区中安排面积不少于5000平方米的载体专门用于大学生创业。

（2）扶持政策

①资助优秀创业项目。市人社局、南京紫金科技创业投资集团负责评估青年大学生创业项目，每年遴选出200个可行性和预期成功率较高的优秀创业项目，每个项目给予10万~20万元的一次性资助；其中，遴选出20个科技含量高、潜在经济与社会效益及市场前景好的特别优秀创业项目，每个给予50万元一次性资助。

②支持创业载体建设。鼓励以多种方式建设大学生创业园（基地），经验收认定为“南京市大学生创业园（基地）”的，根据建设规模和标准，分别给予30万~50万元的一次性建园奖励补贴，重点创业园（基地）建设，由市、区财政予以重点扶持。

③减免相关税费。自主创业青年大学生，在宁申办个体工商户登记的，自其在工商部门首次注册登记之日起3年内，免交登记类、管理类和证照类等行政事业性收费；青年大学生自主创办的商贸和服务型等企业实体（除限制行业外），在新增加的岗位中，当年招用持《就业失业登记

证》人员，与其签订1年以上期限劳动合同并依法缴纳社会保险费的，在3年内根据实际招用人数按照每人每年4800元的优惠定额依次扣减营业税、城市维护建设税、教育费附加和企业所得税。

（3）保障措施

①加强青年大学生创业工作组织领导。市区（县）两级成立由政府分管领导任组长、相关责任部门参加的青年大学生创业工作领导小组。

②加强青年大学生创业扶持工作经费保障。市、区（县）财政要加大对大学生创业扶持工作的资金投入和保障力度，根据本意见确定的目标任务，调整财政就业资金支出结构，合理安排年度创业专项资金，保证各项工作的有序开展和创业扶持政策的落实兑现。

③提升青年大学生创业服务水平。举办面向全国青年大学生的创业大赛，引进优秀创业项目在宁落地；面向社会公开征集创业项目，建立大学生创业项目库，为有创业意向的青年大学生提供创业项目选择和查询服务。

2. 现行政策案例（2）：《青年大学生从事个体经营税费减免申请办法》

（1）申请条件：毕业年度内高校毕业生、登记失业半年以上人员和零就业家庭、享受城市居民最低生活保障家庭劳动年龄内的登记失业人员从事个体经营（除建筑业、娱乐业以及销售不动产、转让土地使用权、广告业、房屋中介、桑拿、按摩、网吧、氧吧外）的，可申请按每户每年8000元为限额、依次扣减其当年实际应缴纳的营业税、城市维护建设税、教育费附加和个人所得税。

（2）办理流程：①符合申请条件的高校毕业生可持《就业失业登记证》《南京青年大学生创业证》、个体工商户营业执照等向创业所在地的区、县“大创办”提出申请；②区、县“大创办”就业管理机构核查后，对符合条件的在《就业失业登记证》上加盖“自主创业税收政策”专用章；③符合条件人员可持减免税申请、《就业失业登记证》（注明“自主创业税收政策”）等向创业所在地的区、县税务机关申请减免税。

根据《中国劳动保障报》报道，截至2016年12月，南京市遴选了一批优秀大学生创业项目，将资助的最低金额由10万元提高到20万元。目前，全市共有280多个创业项目成为江苏省优秀大学生创业项目。南京市规定，初始创业实体入驻创业载体，可获30平方米以内的免费创业场地；创业者在创业载体外租用经营场地，每月可享受最高800元创业场地租金补贴。创业成功的创业实体，可获4000元一次性创业补贴；吸纳失业人员就业的创业实体，按吸纳就业人数享受每人1500元的一次性带动就业补贴。目前，各省市的大学生创新创业政策如南京一样务求实效、有效扶持的还有很多，真正解决了手续繁杂、隐性门槛多的问题，真正避免了扶持资金到位延后的痛点。建议规定制定和执行一定要在简化手续、降低门槛上下功夫，切实改革完善大学生创新创业信用担保体系，拓宽创业融资渠道，政策落实落地的过程中要强化督促管理，建立长期追踪机制和回访机制，让扶持政策真正惠及创新创业的大学生们。

第二节　新形势下应用型高校大学生创新创业现状分析

一、创新创业不得不面对的严峻局面——以应用型高校师范类毕业生就业形势为例

据国家教育部统计数据：2009年全国高校毕业生已达611万，其中师范专业毕业生已超过60万，占高校毕业生总数的10%。2010年肄业生人数达到了630余万。与此同时，我国大学生的就业率却逐年走低，由2005年的40.6%到2009年的40%以下，应用型高校师范类毕业生的就业形势尤其严峻。

1. 应用型高校师范类毕业生就业形势分析

（1）职业社会化使供求矛盾日益突出，教育部《面向21世纪教育振兴计划》中指出：要向社会招聘具有教师资格的非应用型高校师范类高校

优秀毕业生到中小学任教，改善教师队伍结构。① 除了非应用型高校师范生，社会人员如资深专家、技术人才、外教、退休教师也可以参与竞争教师岗位，到教育教学部门就业。目前，许多非应用型高校师范类学生在毕业时会参加当地进行的教师资格证考试，这很大程度上增加了本来就僧多粥少的应用型高校师范类就业市场的竞争难度。由于大量的应用型高校师范类毕业生因为社会的发展和教育系统的需求，选择基本集中在中小学和幼儿教育，当然也包括部分高中，这就使得竞争的中心愈加集中。

（2）岗位需要减少依然是就业市场萎缩的重要根源，1997 年小学入学高峰期之后，学校入学人数总量大幅度减少，各中小学不得不重新调整学校布局，相继撤并了一些办学质量不好、入学人数较少的中小学，进行教育资源的优化重组，教师总量超编，岗位需求量逐年降低。反观师范院校招生的规模却在逐年扩大，随着应用型高校师范生就业体制改革，由国家“包当干部，包分配工作”转变为“市场导向、政府调控、学校推荐、毕业生与用人单位双向选择”，这就使得应用型高校师范类毕业生就业困境呈扩大化趋势。②

（3）按部就班做不到与时俱进是个人因素的核心，90 后是目前高校的主力军，应该说 90 后是接触和吸收新鲜事物最快也是最多的一代，他们可以通过各种途径了解最新的事物。也正是这种多元化的“一次性”文化让大学生出现知识丰富而深度不够的现象。很多东西他们仅仅了解到最表层的情况便点到为止。所以他们具有创新的意识，但是在实际操作中却屡屡碰壁，种种导致在平时的学习工作中，怎么安排怎么做，不能积极发挥主观能动性，有兴趣地开展工作的持久性不够，没有强烈的探索精神，亦步亦趋，不能很好地做到与时俱进。这就导致就业观念陈旧，面对日渐

① 叶云明．金融危机背景下师范生就业危机及应对策略［J］．中国高等教育，2009（9）：18－19.

② 焦思佳，张继红．综合院校师范生就业难的原因与对策［J］．湘潮，2011（4）：48－49.

突出的就业问题，一方面追求稳定舒适的岗位，另一方面寄希望于家长和熟人的推荐上，浪费了一些就业时机也没有灵活地根据自己的实际能力找到合适的岗位。

（4）专业特色让竞争力减弱，现代“师范”一词，意义指的是培养“堪为人师而模范之”的人才。1983 年，邓小平景山中学题词：教育要面向现代化，面向世界，面向未来。目前的应用型高校师范类毕业生从本源上就先天受到无形的限制一样，后天的课程设计上也拘泥于教育这两个字。而结构性矛盾的突出，也导致了应用型高校师范类毕业生就业难度的增加，2008—2009 年，全国各省的应用型高校师范类毕业生供需见面会都呈现出供过于求的局面，① 主要体现在：不同学历层次毕业生供需不平衡；不同应用型高校师范类专业供需不平衡；地区之间的供需不平衡。所谓热门专业的就业形势相对严峻，地理、历史等“冷门”专业就业形势相对乐观。随着教育大众化的趋势，应用型高校师范类大学生的培养不仅仅要在专业人才培养上下功夫，还要为学生的未来考虑。从就业需求的角度看，师范专业侧重基础知识和师范技能的培养，这本身就使知识过于狭窄，从根本上让不能从事教育职业的应用型高校师范生在就业时困难重重。

2. 应用型高校师范类毕业生就业应对措施思考如下。

（1）优化课程结构。由传统的基础技能教育培养模式进行重新整合。依托市场导向，深入开展调研工作；依赖政策扶持，发展专业特色的同时，拓宽专业内容和就业方向。在传授知识的同时，利用大学生就业指导课和大学生职业生涯规划课，以及其他课上的观念灌输，转变传统落后的就业观念。让学生看清目前的发展趋势。积极投身基层建设和基层服务，如“三支一扶”“村官”“西部计划”等。同时也要认清，小、中、高中的教师资源相对饱和的情况下，通过考研和进修争取进入尚未饱和的大学等部门就业也是一条解决就业困境的方法。应用型高校师范生的培养上，

① 赵静．师范生就业中的主要问题分析［J］．科学导刊，2011（6）：227－228.

注重复合型专业的建设，进行合理分流。让应用型高校师范生掌握更多的职业技能，培养“一专多能”的人才，除了教师资格证之外还可以兼顾文秘证书、会计证书和心理咨询员证书等，同时鼓励学生自主创业，走出自己的创业之路。

（2）完善学校就业指导体系，强化专业的就业指导，建立就业指导体系的同时，要注重专业特色和学校特色，建立一支专业的大学生就业指导师资队伍，不断提高就业指导教师的素质和专业技能。特别是针对应用型高校师范类毕业生的就业指导人员，要熟悉掌握相关法律和政策规定，既能通过政策为毕业生拓宽就业渠道，获得就业契机，也能在毕业生签订劳动合同时，指导他们充分保护个人权益。加强模拟面试和模拟招聘的开展，不再局限在应用型高校师范类对口岗位上，而是吸纳多种岗位预想参与模拟招聘，让学生提前亲身体验职场求职的气氛，熟悉招聘面试的流程，从而获得更多的求职技巧。建立专业的就业指导队伍的第二个目的在于加强与用人单位的沟通合作，强化就业市场的调研工作，掌握用人单位需求和毕业生就业意向，切实做好“双向沟通”工作。加强与政府部门、教育、人事主管部门的沟通与支持，及时提供教师招考信息，建立教育见习基地，开拓应用型高校师范类毕业生的就业市场。

（3）提高应用型高校师范类毕业生的个人就业观念，个人就业观念涵盖内容广泛，首先面对就业时要突破应用型高校师范类就业的藩篱，培养良好的心理素质。能够葆有教育热情，甘为教育奉献成为一名教师当然很好，如果需要学生在其他行业进行就业和择业时，要积极摆正心态，正确面对就业现实。随着就业压力的加大，应用型高校师范生在就业过程中的诚信意识淡薄，诚信缺失等问题日益凸显。主要表现在简历的修饰，自荐信、推荐信的伪造，相关证书的造假，求职中撒谎，签约后无故毁约等方面。这些行为一定程度上制约着应用型高校师范生的就业。同样在就业中凸显的个人因素还包括依赖心理，不知道怎样主动找工作，往往依赖学校的招聘会、家庭的能力为自己找工作，找到工作之后常常因为工作不如意很难做到稳坐不动，在很短的时间内反复更换工作，也不会到农村或者基层从事艰苦的工作。这些就业观念制约着应用型高校师范类毕业生的就业，亟待改变和转变。

（4）依托政策扶持，大力拓宽就业渠道。伴随着国家对大学生到城乡基层和中西部地区就业的倾斜性政策推出，为大学生走向基层开辟了很多服务项目，包括大学生村官计划、“三支一扶”计划、教师特岗计划、在社区和乡镇开辟一些公共服务和社会管理岗位吸纳大学生等。① 同时，政府正在逐步增加对大学生就业的投入，加强对就业市场的调查和预测，政府相关部门能够及时提供准确的就业信息，加大了农村及西部地区的教育投入，如改善教学条件、提高教师收入等。

（5）大力推进大学生创新创业教育和孵化。通过创新创业课程群建设，强化大学生创新创业意识转变，由传统的毕业找工作，扩展到创新引领创业，依托国家相关政策，依靠税收、金融等方面的优势条件，利用众创空间、大学生创新创业孵化基地，积极开展创新创业教育和孵化。② 从根源上解决大学生就业困难的局面，真正拓展大学生就业渠道，同时建立大学生创业推动创新的长效机制。

综上所述，随着高校毕业生就业制度的不断改革，应用型高校师范类毕业生就业市场化已成为不争的事实，教师行业不再是应用型高校师范生所独享的职业，而是公开的、公平竞争的市场。师范专业毕业生的就业问题已经日益成为高校迫切需要解决的难题，依托政策扶持、优化专业课程结构，完善就业指导体系，完善创新创业长效机制和课程群建设，推进大学生创新创业工作等方法体现了应用型高校师范类毕业生就业问题是个系统工程，需要多方面的合力，需要全社会的共同努力。

① 郭玉菡，王利蕊．师范类毕业生就业难探析［J］．出国与就业，2010（12）：72－73.

② 赖萍．师范生就业困境及其应对策略［J］．兰州教育学院学报，2011（8）：106－107.

二、创新创业课程建设任重而道远——以职业生涯规划课程建设为例

高校职业生涯规划是大学生对自我职业生涯和人生进行持续系统计划的过程，是大学生转变就业观念，更好地接受创新创业理念的核心课程之一。职业生涯规划是工业化社会的必然选择，面对几万种职业分类，大学生很难凭自己洞悉各类职业的表里，尤其是没有做好职业定位和目标设定的前提下。教育部办公厅关于印发《大学生职业发展与就业指导课程教学要求》的通知提道：作为公共课，职业生涯规划课程既强调职业在人生发展中的重要地位，又关注学生的全面终身发展。① 今天，职业生涯规划课的意义已被国内高校普遍认可，该课程由国外到国内的引进和发展过程中，在教学设计、师资队伍和改革思路等方面仍有诸多问题和制约之处。

职业生涯规划课程特点及实施问题如下。

职业生涯规划课程的特点：一是作为高校公共必修课或者公共课，按照规定已纳入高校教学体系和考核体系。该课程拥有其他公共课同样的课时、学生和考查模式，当然在学习内容、考查模式方面相对宽松。二是学时较短。作为公共课占有一定学分，但做不到全程化教学，虽然辅助手段多样化，但学时总数远远少于其他课程。三是以辅导员为主体的教学队伍赋予了职业生涯规划课思想政治教育的目的，伴随着各高校不同的发展规划，其发展思路通过教师队伍映射到学生的职业生涯规划中。

职业生涯规划课程的实施问题：一是教学内容重理论、轻内容，重课堂、轻实践。从霍兰德 SDS 职业兴趣测试、五个“W”思维测试、碧瑞斯的性格测试到职业生涯规划的八条原则、MBTI 职业性格测试。本来紧张的学时数就在游戏化的测试中度过了大半。当学生面对企业以销售为主的招聘和各类专业不对口的招考时，这些理论显得无力又无用。职业生涯规划强调个人的发展也重视终身发展，没有与企业对接化的教学过程，学生很难了解各类岗位的发展和优劣。教学过程重视学生职业道德、职业观念

① 黄龙，秦莉．拓展训练在高校职业发展与就业课程教学中的应用研究［J］．江西教育学院学报（社会科学版），2012（2）：81－83.

和求职技巧等方面，但缺少实践演练，脱离实践需要。二是师资队伍建设体现着对课程的重视程度。高校普遍开设职业生涯规划课程，这是教育理念的提升，但止步于此很容易让这门课程流于形式。重视一门课程首先体现在对师资力量的要求和培养上。很明显，以辅导员为主的师资队伍过于儿戏，辅导员队伍熟悉学生管理、学生宿舍、学生违纪和与学生家长沟通，与企业沟通、与工商行政沟通及对岗位做出科学的评估是他们日常工作中很少接触到也几乎没有机会接触到的，高校本身不会支持辅导员外出与企业和单位进行着一方面的对接，只是需要有一部分人把这门课上完就行，依托专门的教育机构速成式地培养出来的教师队伍也仅仅是能达到这一要求。辅导员在了解往届学生就业情况这方面似乎有优势，但专业的劣势让他们不能总结就业规律、挖掘职业规划本质，肤浅地将往届就业情况进行传授不是科学职业规划的手段。辅导员繁忙的日常工作很难实现对他们的严格教学检查，课程教学质量监控体系和保障体系也就无从谈起。三是教学方法单一、教学效果不明显。目前职业生涯规划课程本土化推进程度迟缓、教学理论体系和教学实践体系尚不完善。师资队伍的条件使得各高校普遍采用讲授法进行教学，体验式教学和移动学习等教学方法多数停留在理论层面，不具备实施的环境。教学内容的理论化让教学目的偏离，教学效果更多地体现在学生考取学分而不是获得实践锻炼的能力。本身应该是实践性很强的课程，局限于课堂、局限于讲授和自我剖析，即使做到了由单向灌输到双向互动的转变，仍回归不到实践教学的正途上去。

职业生涯规划课程改革对策：一是强化实践教学环节。从重视职业生涯规划实践教学基地建设开始，建立完善的教学质量评价体系，做好组织管理和实训教学，规范考核办法，强化学生的主体地位，让学生从“了解”状态上升为“认识”状态，最后升华为实践能力。职业生涯规划涵盖面广，实践教学过程不仅仅是简单的产学研模式，简单的课堂、实训场所和企业的三方结合，更应该通过模拟课堂、目标教学等手段达到实践教学目的。二是转变师资队伍构建模式。应培养和建立专门的师资教育队伍和职业咨询服务机构，配备专业的教师队伍，建立校外企业和单位的师资库，聘请兼职教师和客座教师，加大学生与企业入职人员沟通和实践的机会，提供与社会接轨的职业生涯规划服务。针对创业、公务员、“三支一扶”、事业编等职业提供在职人员交流会和相关流程图。师资队伍在具有一定学术水平和较强实践经验的基础上，注重专业的职业生涯规划培训和职业资格考试和鉴定。教学内容中应涵盖就业指导专家、优秀校友、用人单位代表等与学生开展互动的部分，通过讲座、报告会、模拟课堂等模式，分析职业发展，解构择业方向，谈社会和企业对人才的要求，充分利用电化教学和网络教学手段，真正实现师资队伍的综合化和专业化。① 三是改进考核模式。目前职业生涯规划课程的考核模式较为单一，知识类考核和综合运用类考核为主，“个人职业生涯规划书”“个人职业性格测量”等，考核偏重理论操作和简单的知识运用。缺乏对实践教学的引导和导向作用。可以安排学生开展体验式的职业需求市场调查，求职面试调查和职业岗位调查报告等实践性强的考核内容。吸纳社会实践、社团实践等方式，作为考核的有机组成部分，在社会实践中加入职业调查和职业实践的部分，同时体验社会对大学生的需求，以达到学生结合自身条件定位自我职业目标的效果。

三、传统创新创业路径分析——第二课堂与第一课堂融通机制的建立

第二课堂是为了丰富学生的课外生活、提高学生的综合能力而开展的一系列有益活动的总称。国外的第二课堂属于实践范畴并且已经制度化，是课外活动的一种，在整个教育体系中占到了相当的比重，与国内第二课堂以学校和教师为主导不同，国外的第二课堂主要以社团和俱乐部的形式开展，指导教师只是起到辅助指导的作用，真正开展活动的主体是学生。②

① 莫光政．大学创业教育系统的构建及其运行研究［J］．中国职业技术教育，2011（33）：74－80.

② 李新，勾志骞．发挥第二课堂优势推进大学生创业实践教育新发展［J］．长春工业大学学报（高教研究版），2004（6）：55－56.

国外的第二课堂相对于国内的第二课堂有很多不同之处，如活动频繁、形式多样和具有国际视角等。这些第二课堂的开展经费十分多元化，国内的以国家和学校经费扶持为主，国外的第二课堂则开拓了校外甚至国际组织的渠道，这样的资金支持力度，让国外第二课堂的保障机制相对更加完备。我国第二课堂在20世纪80年代就开始研究和探讨了，但是一直是作为第一课堂的补充和附属，不过随着教育大众化的转型，尤其是应用型高校的大量涌现，应用型人才的培养、大学生素质教育的深化等都需要提高第二课堂的比重，以实现实践教学、素质培养的潜能激发和创新创业精神培养等目的。

目前国内外第二课堂存在的问题主要包括：一是第二课堂和第一课堂的融合存在误区。第二课堂和第一课堂实际是一个有机整体，割裂开来的看法和做法都是偏颇的，这一点很像是把德育和教学分开一样。我国传统教育模式重视基础教育，采用的方式多为题山卷海，学生的实践能力和创新精神严重不足。第二课堂开展因为不受重视，缺乏师资支持和资金保障所以发展缓慢。其实，第一课堂的教学是理论基础和知识体系，强化第二课堂没有降低第一课堂的意思，反而对第一课堂提出了更高的要求。第二课堂是第一课堂的延伸，是课堂教学的补充和验证，为第一课堂提供技术支持。二是第二课堂开展项目的不均衡性。第二课堂包括的内容很多，有社会实践、学科竞赛、科研训练、社会服务、文体活动等。目前高校开展得比较多的是社会实践、文体活动，活动比较少的是社会服务和学科竞赛。各类活动的经费保障也存在很大不同，社会实践的经费要远远多于社会服务的经费，校园活动的经费要远远多于学科竞赛和科研训练的经费。而创新创业类的项目是近十年才开始加入，之前的大学生创新创业课堂教学部分都没有设置。随着高校改革，尤其是应用型高校转型发展，第二课堂对大学生创新创业项目的开展比重越来越大，政策支持和经费支持越来越细化和强化。三是运行机制缺乏规范化。主要体现在管理上粗放而缺乏有效指导，显得松散和没有计划性。很多高校没有相应的负责机制和科学规划机制，更谈不上形成合力和齐抓共管。在第二课堂的运行过程中，缺乏过程考核和效果监督环节，有时候考察结果的多，重视开展的多，量化指标考核的少，重视效果考核的少。一定程度上存在着资源保障不合理和为第一课堂让路的情况。

大学生创新创业课程建设目前已经初步形成规模，第一课堂的教学方面从师资力量到资源配备都在逐步完善之中。第二课堂的实践、实训和操作部分还有很多工作要做，主要包括：一是第二课堂兼顾多样性的同时要继续加强创新创业的比重。传统的一些项目需要整合和筛选，一成不变的第二课堂设置本身就不符合事物发展的规律。应当根据社会的发展，设置规划更多形式多样的项目。目前第一课堂因为高校转型的原因，从人才培养模式到学科建设都在不断地调整，作为第一课堂延伸的第二课堂没有相应的变化和调整是脱节的一种表现。注重创新创业项目的增设是符合时代要求的，高校应当把培养创新创业精神和强化创新创业能力放在同样重要的地位上，应当基于学科前沿领域设置相应的实践项目，甚至直接设置相关的社团和辅导，开设创新创业培训、讲座和交流会。动态地、全程地管理与监督活动的开展，并进行有效的过程性考核。二是重视第二课堂的个性化教学。第二课堂本身就具有灵活性、实践性、主动性等特点，打破了班级、专业之后，学生们可以自主地参与感兴趣的内容，接受个性化的第二课堂设计和服务，在这个过程中应该充分尊重学生自己的选择和主体性，开展活动后分配指标、摊派任务的形式本身就违背了第二课堂设立和开展的内涵，缺乏主动性的第二课堂抹杀了个性化发展，不会受到学生的认可，其效果会大打折扣。三是加强对创新创业类社团的管理和指导。学生社团是校园第二课堂重要的载体和平台之一，是学生最乐于发展自我和体现个性化的场所。但很多调查都反映出学生社团管理和运行方面缺乏指导，在投入、场地等方面都来源不足。师资力量方面没有硬性要求和综合考评制度，在物质奖励和良性竞争机制方面缺乏激发热情的办法。指导方面多为培训类指导，过程性指导和效果性指导不足，应当包括学生绩效考核体系、素质测评体系、运行监督体系等几部分。学生的考核要与综合素质测评体系、学分体系挂钩，教师考核要与职称评定、综合考核挂钩。体系在硬环境和软环境的共同约束下，协同开展从而形成一个完整的考核和评价体系来开展工作。四是创新创业类项目要进行再细化。创新创业项目要依托各类创新创业大赛、创业孵化基地、众创空间、科技学术活动而组织开展，要对现有的创新创业项目进行再细化。主要从培养科技意识、培养研究能力、培养创新意识、培养创业意识、培养创业实践能力等方面入手。例如，根据专业课程设计科技发明、科学研究、创新设计和学术研讨活动；根据创新创业大赛设计比赛预评审、创新创业兴趣小组、创新创业课外学术等活动；根据科技成果推广开展专利申请咨询与服务、科技宣传研讨会、博览会、学术信息讲座等；依托创业孵化基地开展创业项目评审、创业精英宣讲、创业沙盘实操等活动；依托老师的课题项目组建临时社团、开展科普宣讲、组织成果鉴定评选活动等。五是重视创新创业第二课堂内加入道德素养和德育内容，加入网络思维意识培养内容。围绕《公民道德建设实施纲要》、社会主义核心价值观三个层面的内容以及中国梦的内涵延伸，在创新创业的各项活动中加入德育隐性教育，培养高水平应用型人才的同时，不忘强化人才的综合素质，尤其凸显政治和道德素质。网络意识的培养对于创新创业的作用不言而喻，从科技前沿的探索、新想法新材料的了解到创业大数据的了解与整合、创业项目的线上宣传，创新创业的方方面面都离不开网络意识的培养和网络能力的训练。

四、网络背景下创新创业路径分析——众创空间与“互联网+”

1. 众创空间

李克强总理在2014年的达沃斯论坛开幕式上提出了大众创业、万众创新的口号，在2015年考察深圳柴火创客空间时对创客空间给予了充分的肯定，在随后的国务院常务会议上把众创空间放入了政策文件里面。众创空间从此开始频繁见诸各类文件和媒体，了解众创空间不能简单地把一群创业的人所在的地方就归结为“众创”两字。深圳柴火创客空间里面有对创客空间的定义：创客空间是一个具有加工车间、工作室功能的实验室。创客们可以在创客空间里共享资源、知识，实现想法。这里我们可以理解为创客空间是一个实验室，人们在这里是为了实现想法，也就是创新。创客空间一词和创客一样是一个舶来品，众创空间则是创客空间中国化的产物。众创空间相对于创客空间和传统的创业孵化器具有以下几个特点。

（1）根据国务院办公厅下发的《关于发展众创空间推进大众创新创业的指导意见》，可以明确众创空间相对于创客空间的非官方属性具有政府支持、扶持的内容，同时它不是一个单纯创新或单纯创业的物理概念，它是把创新创业作为目标的平台。这个平台在政府的指导下，整合线下线上的资源，吸收创客空间、传统孵化器的优势长处，具有开放性、共享性和综合性的特点，简单来讲主要是为“大众创业、万众创新”这一宗旨服务。

（2）众创空间因为方式灵活，反而比创客空间的建设、运行成本更低。众创空间可以根据地方优势和特色，选择线上、线下或者线上线下相结合的方式开展，对于场地和设备要求没有创客空间那么苛刻，它可以是个纯网络空间、社交空间，甚至可以是一个简单的资源共享空间，只要它能够发挥职能，实现资源集聚、服务创新创业的职能就可以。

（3）众创空间、传统孵化器和创客空间的区别。传统创业孵化器是有门槛的创业孵化组织，并不是开放性的机构，是以创业为最终目的的服务组织。创客空间以创新为核心，单纯的创客空间基本没有创业部分或者创业孵化职能，会员培训也简单地以创新技能、创新理论培训为主，没有涉及创业的部分。众创空间是整合创新创业各类组织和形式的特点而产生的，有的是在传统孵化器或者创客空间的基础上进行改造而形成的，有的是在依托传统孵化器和创客空间模式的基础上，整合调整机构职能而形成的。所以众创空间实际上是传统创业孵化器和创客空间的综合版。它服务的范围更广，需要的成本更低，申请审批的手续简化，是一个整合升级的创新创业生态系统。

2015 年《关于发展众创空间推进大众创新创业的指导意见》下发以来，众创空间雨后春笋一般在全国不断涌现，有的是在原有创客空间和传统孵化器基础上改建而成，有的是重新建设而成。因为从产生到发展的时间太短，所以存在内部发展不均衡、平台职能不完善、运行管理机制不健全等问题。具体表现为以下几方面。

（1）众创空间之间发展不平衡。有的众创空间是在比较成熟的创客空间或传统创业孵化基地的基础上改建而来，整体建设规范有序。前期雄厚的基础让新的工作开展十分顺畅，如浙江大学创业实验室在创业孵化器阶段就有几十名创业导师和辅导员，这些师资力量来源于大企业董事长、上市公司负责人，他们来自于不同的行业，有金融、互联网、医疗等，这样的基础上改建而来的众创空间可以想象其创新创业功能之强大。反观有些地方众创空间建设完全是行政工作，这样的众创空间只要把场地和项目找好就算完成了，剩下的工作就是宣传和开展一些活动。①

（2）众创空间的职能完善程度不一。健全的众创空间有自己的培训课程、讲座、导师辅导、讨论会、竞赛、体验学习、头脑风暴、经验共享和模拟训练等服务职能，有开源共享等互动功能，可以有实验室、工作间等等场地。很多众创空间的功能、职能十分不健全和不完善，满足于项目的入驻，至于入驻之后的服务、培训则只是停留在口号上面，提供好场地和物业服务似乎就完成了服务的任务。

（3）众创空间运行管理机制存在不健全的问题。很多众创空间的考核指标都是经济效益、利税和带动就业率。对于创新创业扶持基金的运行管理没有考核，对于创新项目的过程性考核没有，对于创业项目是不是真正的“创业”没有考核，对于带动就业率的真实性没有考核。众创空间本身

---

① 曹杨，邹云龙．经济发展方式转变背景下的大学生创业与创新创业教育［J］．东北师大学报，2012（07）：236.

就不是一个纯物理概念，考核的内容只是针对众创空间线下的项目数据考核显然不够健全，开展了多少项服务，服务了多少人，服务人群的性质是什么，创新项目有多少发明专利，创业项目有多少大学生创业都应当是考核的内容。如果是一堆企业开办的子公司，如果是创新创业扶持基金没有真正用于创新创业本身，那么应该对相应的运行、管理和监督机制进行调整和完善。

众创空间和大学生创新创业的关系如下。

（1）大学生是众创空间主要的服务对象。在校大学生、毕业大学生是众创空间主要的参与者，他们有创新的技术、创业的冲动，有的在校期间有科研成果，有的在校期间曾经是传统创业孵化器里面的一员，有的是线上的创客会员。据一份调查显示，上海地区众创空间在校大学生比例高达52%，如果一个城市的大学生不知道这个城市的众创空间有哪些，说明这个众创空间起码在服务职能和宣传机制上还没有完善起来。

（2）众创空间与高校创业孵化基地相辅相成。在北京、深圳等地，高校会把创新创业教育实践基地就设在众创空间里面，而众创空间的很多服务项目直接面向高校学生，如创新创业比赛、创新创业项目扶持、融资等。

（3）高校和众创空间共享师资力量和实验室设备。众创空间有的为高校提供实训平台，高校有的为众创空间提供实验室设备。高校教师有的是科研指导教师，有的是辅导教师，有的为创新创业比赛做评委，有的做创新创业导师。

2. “互联网 +”

“互联网 +”是和“大众创业、万众创新”同时诞生的。2015 年腾讯马化腾做出了“互联网 +”的提案，当年的政府工作报告上“大众创业、万众创新”和“互联网 +”便倡导开来。① 这一战略上升到国家战略之

① 洪少春．大学生创业支持体系中的地方政府主体职能研究［J］．萍乡高等专科学校学报，2009（10）：17－18.

后，其实质是利用互联网平台、信息通信共享技术，把各行各业和互联网集合起来，是创新 2.0 下的互联网发展新形态、新业态。新一代信息技术发展催生了创新 2.0，而创新 2.0 又反过来作用于新一代信息技术形态的形成与发展，重塑了物联网、云计算、社会计算、大数据等新一代信息技术的新形态，2015 年 7 月，国务院印发《关于积极推进“互联网 +”行动的指导意见》。2015 年 10 月 29 日，中国共产党第十八届委员会第五次全体会议指出：实施网络强国战略，实施“互联网 +”行动计划，发展分享经济，实施国家大数据战略。李克强提出的“互联网 +”是新常态下创新驱动发展的重要组成部分。易观国际较早提出“互联网 +”时认为它是互联网对传统行业的渗透和改变。马化腾指出“互联网 +”是一个趋势，加的是传统的各行各业。他在《关于以“互联网 +”为驱动，推进我国经济社会创新发展的建议》的议案中呼吁持续以“互联网 +”为驱动，鼓励产业创新、促进跨界融合、惠及社会民生，推动中国经济和社会的创新发展。随着互联网的深入应用，特别是以移动技术为代表的普适计算、泛在网络的发展与向生产生活、经济社会发展各方面的渗透，信息技术推动的面向知识社会的创新形态形成日益受到关注。创新形态的演变也推动了互联网形态、信息通信技术形态的演变，物联网、云计算、大数据等新一代信息技术作为互联网的延伸和发展，在与知识社会创新 2.0 形态的互动中也进一步推动了创新形态的演变，涌现出 Web2.0、开源软件、微观装配、创客等创新 2.0 的典型案例以及 AIP、创客、维基、威客、众包众筹等创新 2.0 典型模式。正是在这种背景下，中央提出创新驱动发展“新常态”，提出充分利用新一代信息技术发展和知识社会的下一打创新机遇，简政放权、强化法治、鼓励创新创业、激发市场和社会活力，并出台一系列鼓励大众创新、万众创业的举措。李克强总理在十二届全国人大三次会议上的政府工作报告中提出的“互联网 +”也就具有了更丰富、更深刻、更富时代特征的内涵。报告中指出新兴产业和新兴业态是竞争高地，要实施高端装备、信息网络、集成电路、新能源、新材料、生物医药、航空发动机、燃气轮机等重大项目，把一批新兴产业培育成主导产业。制订“互联网+”行动计划，推动移动互联网、云计算、大数据、物联网等与现代制造业结合，促进电子商务、工业互联网和互联网金融健康发展，引导互联网企业拓展国际市场。国家已设立400亿元新兴产业创业投资引导基金，要整合筹措更多资金，为产业创新加油助力，并全力推进创新、创业，全面激发市场和社会活力，进入创新2.0时代创新驱动发展的“新常态”。

2015年7月3日，腾讯正式发布“互联网+教育”的智慧校园整体解决方案，并与北京邮电大学、同济大学、华南理工大学、大连理工大学以及华东师范大学五所高校签署战略合作协议。根据协议，未来腾讯将与各高校在校务管理移动化、校内消费数字一体化、校园大数据挖掘与信息化建设等搭建“智慧校园”方面进行深度合作。① 2015年7月，经李克强总理签批，国务院印发《关于积极推进“互联网+”行动的指导意见》。指导意见围绕转型升级任务迫切、融合创新特点明显、人民群众最关心的领域，提出了11个具体行动：一是“互联网+”创业创新，充分发挥互联网对创业创新的支撑作用，推动各类要素资源集聚、开放和共享，形成大众创业、万众创新的浓厚氛围。二是“互联网+”协同制造，积极发展智能制造和大规模个性化定制，提升网络化协同制造水平，加速制造业服务化转型。三是“互联网+”现代农业，构建依托互联网的新型农业生产经营体系，发展精准化生产方式，培育多样化网络化服务模式。四是“互联网+”智慧能源，推进能源生产和消费智能化，建设分布式能源网络，发展基于电网的通信设施和新型业务。五是“互联网+”普惠金融，探索推进互联网金融云服务平台建设，鼓励金融机构利用互联网拓宽服务覆盖面，拓展互联网金融服务创新的深度和广度。六是“互联网+”益民服务，创新政府网络化管理和服务，大力发展线上线下新兴消费和基于互联网的医疗、健康、养老、教育、旅游、社会保障等新兴服务。七是“互联

---

① 辜胜阻，曹冬梅，李睿．让“互联网+”行动计划引领新一轮创业浪潮［J］．科学学研究，2016（10）：21.

网+”高效物流，构建物流信息共享互通体系，建设智能仓储系统，完善智能物流配送调配体系。八是“互联网+”电子商务，大力发展农村电商、行业电商和跨境电商，推动电子商务应用创新。九是“互联网+”便捷交通，提升交通基础设施、运输工具、运行信息的互联网化水平，创新便捷化交通运输服务。十是“互联网+”绿色生态，将互联网与生态文明建设深度融合，加强资源环境动态监测，实现生态环境数据互联互通和开放共享。十一是“互联网+”人工智能，加快人工智能核心技术突破，培育发展人工智能新兴产业，推进智能产品创新，提升终端产品智能化水平。“互联网+”是我国互联网产业跨越式发展的产物，根据中国互联网信息中心发布的第38次《中国互联网络发展状况统计报告》显示，截至2016年6月，我国互联网普及率51.7%，超过全球平均水平三个百分点，互联网用户超过7亿，稳居全球第一。“互联网+”在各行各业都掀起了创新创业的热潮，与大学生创新创业的结合可以说是最紧密的部分之一。2015年5月10日，教育部、工信部、人社部、发改委、共青团中央联合举办首届中国“互联网+”大学生创新创业大赛，总决赛前李克强总理指出：把创新创业教育融入人才培养，厚植大众创业、万众创新土壤。刘延东副总理专程来到举办地长春做出重要指示，并会见了比赛的选手和指导教师。2016年10月，第二届中国“互联网+”大学生创新创业大赛在华中科技大学闭幕，教育部部长陈宝生出席并讲话，他强调高校创新创业教育改革要做到：一抓培养方案，使创新精神、创业意识和创新创业能力培养融入人才培养全过程全环节；二抓课程体系，挖掘和充实各类专业课程的创新创业教育资源，开发好创新创业教育课程，健全课程体系；三抓教学方法，改变灌输式教学方法，强化因材施教、教学相长；四抓制度创新，着力健全创新创业学分积累与转换制度；五抓实践环节，为大学生实验实习实训特别是参加创新创业实践拓展渠道、搭建平台，加大投入、优化服务，让他们在实践中受教育长才干。①

具体分析“互联网+”背景下的大学生创新创业，应该看到几个机遇和挑战：一是政策支持。国家已经设立400亿元的新兴产业投资引导基金，为“互联网+”创业提供支持。国家、地方政府、高校都有相应的大学生创新创业政策。国家倡导开展的“互联网+”大学生创新创业大赛已经开展到第二届，规格之高史无前例。第二届大赛参加比赛的高校有两千一百余所，占到普通高校的81%，学生申报项目11万，参与人数近60万，比第一届大赛整个规模翻了两番。二是互联网技术降低了创新创业的门槛和成本，与大学生有内在的契合性。“互联网+”具有轻资产特征，主要运用的是信息通信技术、数据技术和网络平台技术，创新创业的初期投入、固定资产投入、设备购置购入大大减少，为大学生创新创业提供了天然的优势条件。大学生是互联网最大的用户群，互联网技术运用过程中传递出的开放、平等、共享、协同等思想与大学生有内在的契合性，深受这些年轻人的喜爱，他们也愿意通过互联网的形式开展创新创业活动。三是互联网技术的更新换代意味着大学生创新创业有更多的领域、空间和机会。随着云计算、物联网、大数据等一大批互联网应用的带动，互联网必将带动各行各业的产业转型升级和发展新的样态，大学生天然具有接受新鲜事物迅速的特点，容易抓住行业的变化来实现创新创业的想法。

“互联网+”背景下的大学生创新创业应该看到机遇，更应当注意规避风险。可以从以下几个方面入手：一是转变教育理念、创新人才培养模式。设置更多的“互联网+”背景的课程，如电子商务等。解决互联网类人才培养的应用性、个性化发展的问题。从市场和服务地方的角度出发，把创新创业提升到全新的战略高度，树立全新的创新创业人才培养观念。在课程设置和建设的时候，充分考虑到创新创业与专业的融合性和课程的学科化问题。从课程性质、学分比重到课时量设置都进行修正，让创新创

① 降雪辉．“互联网+”时代大学生创新创业教育新模式［J］．重庆科技学院学报，2015（12）56.

业课程在大学生课程体系里有一席之位。二是提高互联网模式下大学生创新创业的安全意识教育。注重优化行业监管和标准制定。积极把握新一轮的科技革命和产业革命动态，主动适应新业态、新模式要求，及时调整各种监管准入规则，尽量减少滞后监管对创新创业带来的障碍。着力完善与新经济新业态相关的标准制定工作，优化标准制定流程，充分吸收业内企业参与标准制定，提高标准对行业产业发展的适应性和支撑性。在政府和企业都降低门槛、规范标准的同时，大学生要提高创新创业安全意识，降低盲目性，增加创新创业政策、法规、知识的学习，学会识别不法分子利用网络进行的合同诈骗、直销传销等违法活动，学会熟练地使用相关的法律条文和政策法规，规避创新创业安全隐患。

第三节　新形势下应用型高校大学生创新创业案例分析

一、大学生创新创业训练、实践、计划

国家级大学生创新创业训练计划内容包括创新训练项目、创业训练项目和创业实践项目三类。创新训练项目是大学生个人或团队，在导师指导下，自主完成创新性研究项目设计、研究条件准备和项目实施、研究报告撰写、成果（学术）交流等工作。创业训练项目是大学生团队，在导师指导下，团队中每个学生在项目实施过程中扮演一个或多个具体的角色，完成编制商业计划书、开展可行性研究、模拟企业运行、参加企业实践、撰写创业报告等工作。创业实践项目是学生团队，在学校导师和企业导师共同指导下，采用前期创新训练项目（或创新性实验）的成果，提出一项具有市场前景的创新性产品或者服务，以此为基础开展创业实践活动。

二、大学生创新案例分析（案例为笔者指导的团队申报书节选）

（一）案例概述及分析

1. 项目简介

油田污水及油泥沙处理回收的乳状液乳化严重，常规工艺难以处理。为提高其处理水平，本项目以脉冲电场下水滴动态响应特性为研究对象，采用高速显微摄像和计算机图像学手段对脉冲电场作用下油中水滴变形、聚并动态特性（变形速率、变形幅度、相位差、波动特性、聚并速度）进行研究，具体包括电场特性对水滴变形的影响；水滴破裂条件；杂质对水滴特性的影响；水滴聚并条件。本项目可丰富电场脱水理论，提高脉冲电场破乳技术水平。

2. 项目研究意义

随着环保意识的加强，油田污水及油泥砂处理越来越受到重视。油田污水及油泥沙处理回收的原油乳化严重，现有技术难以经济有效地对其进行处理。如乳状液未经有效处理而进入处理系统，会影响到处理系统的正常运行。因此，开发稳定的原油脱水处理技术非常必要。脉冲电场脱水是近年来提出的复杂乳状液的处理技术，但其机制研究较少，脉冲频率等参数对脱水效果的影响尚不明确，开展脉冲电场中水滴变形和聚并的动态响应特性研究意义重大。

3. 研究现状及主要参考文献

变形是电场中水滴的重要特性。液滴变形主要与流场、液滴的性质（密度、黏度和表面张力）和流量有关①。Gunnar 等对水滴在油中的受力和变形进行了研究②。Vizika 等③给出了液滴在均匀电场和振荡电场中的数

---

① J. O. Hinze. Fundamentals of the hydrodynamic mechanism of splitting in dispersion processes [J]. AIChE J. 1955, 1 (3): 289 - 295.

② G. Berg, L. E. Lundgaard, A. C. Nicolas. Electrically stressed water drops in oil [J]. Chemical Engineering and Processing. 2010, 49: 1229 - 1240.

③ O. Vizika, D. A. Saville. The electrohydrodynamic deformation of drops suspended in liquids in steady and oscillatory electric fields [J]. J Fluid Mech. 1992, 239: 1 - 21.

学模型。杨东海等对交流电场中水滴变形与电场强度、界面张力等的关系进行了研究①。Jong - Wook Ha 等研究了表面活性剂等对水滴变形的影响及其数学模型②③④⑤。郭长会等对交流电场作用下水滴的变形进行了高速摄影研究，分析了变形与电场频率的关系⑥。罗小明等研究了电场中水滴的破裂过程及破裂形式⑦。闫海鹏等对交流电场作用下水滴变形的特性和机理进行了研究⑧。龚海峰等研究了方波作用下，水滴变形的幅频特性，并进行了数值计算⑨。S. E. Taylor 用显微视频观察，稳定的乳状液在脉冲电场下几分钟内发生聚结⑩。

综上所述，电场中水滴的变形、聚并受到很多人的关注，但在脉冲电场脱水机理方面，尚缺乏脉冲电场中水滴动态响应过程的试验和机理研究。目前开展了聚合物、表面活性剂对交流电场聚结作用的影响，但是泥沙、悬浮固体、金属矿物质、化学药剂等杂质对脉冲电场中水滴变形和聚

---

① 杨东海，何利民，叶团结，罗小明．高压交流电场中单液滴变形度影响因素［J］．化工学报．2011，62（5）：1358 - 1364.

② J. W. Ha, Y. S. Man. Effects of Surfactant on the Deformation and Stability of a Drop in a Viscous Fluid in an Electric Field [J]. Journal of Colloid and Interface Science. 1995, 175: 369 - 385.

③ J. W. Ha, J. H. Moon, Y. S. Man. Effect of nonionic surfactants on the electrorheology of emulsions [J]. Korea - Australia Rheology Journal. 1999, 11 (3): 241 - 246.

④ J. W. Ha, Y. S. Man. Deformation and Breakup of a Second - Order Fluid Droplet in an Electric Field [J]. Korea JChemEng. 1999, 16 (5): 585 - 594.

⑤ J. W. Ha, Y. S. Man. Effect of nonionic surfactant on the deformation and breakup of a drop in an electric field [J]. Journal of Colloid and Interface Science. 1998, 206: 195 - 204.

⑥ C. H. Guo, L. M. He, Y. C. Xin. Deformation and breakup of aqueous drops in viscous oil under a uniform AC electric field [J]. Journal of Electrostatics, 2015, 77 (5): 27 - 34.

⑦ 罗小明，王静，何利民，等．电场作用下油中水滴的破裂特征［J］．工程热物理学报，2015，36（10）：2193 - 2197.

⑧ H. P. Yan, L. M. He, X. M. Luo, etc. Investigation on Transient Oscillation of Droplet Deformation before Conical Breakup under Alternating Current Electric Field [J]. Langmuir, 2015, 31 (30): 8275 - 8283.

⑨ 龚海峰，杨智君，彭烨．高压脉冲电场激励油中液滴振动计算与实验［J］．振动与冲击，2014，33（10）：172 - 176.

⑩ S. E. Taylor. Theory and practice of electrically - enhanced phase separation of water - in - oil emulsions [J]. IChemE, 1996, 74: 526 - 540.

并特性的影响规律研究较少。

4. 研究目标

（1）掌握脉冲电场中水滴变形动态特性，探索水滴稳定和破裂的影响因素。

（2）掌握水滴聚并条件的影响因素和影响规律，丰富完善脉冲电场脱水理论。

5. 研究内容

（1）脉冲电场中水滴变形的动态响应特性研究

采用高速显微摄像方法获得脉冲电场中水滴变形过程图像数据，通过图像分析，研究水滴变形速度、幅度等参数随脉冲电场频率、强度、脉冲宽度和杂质等变化的规律。利用发光二极管产生光信号，高速摄像系统同时记录水滴变形图像和光信号的图像，通过图像处理获得水滴变形与脉冲电场间的相位差。通过实验，探索电场参数和杂质对水滴变形速度、幅度、相位差和波形的影响：①电场频率对水滴变形特性的影响；②电场强度对水滴变形特性的影响；③脉冲宽度对水滴变形特性的影响；④杂质对脉冲电场中水滴变形特性的影响；⑤水滴稳定和破裂条件研究。

（2）脉冲电场中多个水滴聚并的动态响应特性

研究不同电场强度、频率、脉冲宽度和杂质条件下两个或更多水滴的聚并特性，探索水滴聚并条件的影响：①电场频率对水滴聚并特性的影响；②电场强度对水滴聚并特性的影响；③脉冲宽度对水滴聚并特性的影响；④杂质对水滴聚并特性的影响。

6. 拟解决的关键问题

（1）脉冲电场频率、电场强度、脉冲宽度对水滴变形和聚并动态特性的影响规律以及水滴界面受力分析。

（2）泥沙、悬浮固体、金属矿物质、化学药剂等杂质对脉冲电场中水滴动态特性的影响程度和影响规律。

7. 技术路线及实验方案

（1）脉冲电场作用下水滴的变形特性试验

采用脉冲电源产生电压、频率、脉冲宽度可调的脉冲电压，脉冲电压连接到试验样槽的平板电极上，形成高压脉冲电场，样槽内加入绝缘油，用移液器将一定体积的水滴移至绝缘油中，采用高速摄像系统获得水滴变形图像，采用图像处理技术将图像二值化处理，分析水滴的变形速度、幅度等特性。将脉冲电压降压后连接到发光二极管上，利用发光二极管产生光信号，高速摄像系统同时记录水滴变形图像信号和光信号，实现水滴变形与脉冲电场间相位差的测试。具体实验方案为：①电场频率对水滴变形特性的影响；②电场强度对水滴变形特性的影响；③脉冲宽度对水滴变形特性的影响。

（2）脉冲电场中水滴间聚并特性试验

将电源产生的脉冲电压连接到试验样槽的平板电极上，在电极间形成高压脉冲电场，样槽内加入绝缘油，将一定体积的两个或多个水滴滴入样槽中的绝缘油中，利用高速摄像系统获得水滴聚并过程图像，利用图像处理工具分析水滴连接部分尺寸参数等数据，研究电场强度、频率、脉冲宽度和杂质浓度对水滴聚并特性的影响。具体实验方案为：①电场频率对水滴聚并特性影响；②电场强度对水滴聚并特性影响；③脉冲宽度对水滴聚并特性影响；④杂质对水滴聚并特性影响。

（二）案例概述及分析

该项目为国家级大学生创新训练计划项目申请书，这是大学生创新项目里面规格最高的种类之一。评审的过程采用差额评审的方式，那么如何把创新体现出来就是项目的关键之处。在项目进行之前，需要明白两个问题，一是创新是为了什么和为了创新我们应该干什么。第一个问题创新是为了什么，针对这个问题需要关注的方面很多，有国内外大事、有民生关注的重点、有学习生活中的困惑等，发现了需要解决的问题之后，考虑好这个问题可不可以作为一个创新的出发点，之前有没有研究的，有研究的可不可以换个角度进行研究，可不可以有自己的延伸和拓展，要把自己创新研究的点找出来。第二个问题为了创新我们应该干什么，找到好的项目意味着项目成功了一半，但不知道怎么去开展还是纸上谈兵，项目实施的条理顺序首先要清楚，在撰写项目内容和项目思路这一类问题的时侯要注意区别题目的要求，不要把思路写成内容，也不要把内容写成思路；不要把关键问题写成难题，也不要把难题写成关键问题。要找到项目进行的内在逻辑思路，有的研究内容没有创新，但是研究思路和方案有创新，能够提高某些效率、找到某些更好的方案和发现更好的替代策略，那么把创新项目开展的部分写好就显得很重要。

在进行案例分析的时候，对于专业内容方面这里不做过多的分析，只是对申报书的撰写进行逐项分析。该项目的第一项项目简介比较简练，布局比例方面合适，逻辑递进方面存在问题，提到了目前有什么样的问题：油田污水及油泥沙处理回收的乳状液乳化严重，常规工艺难以处理。也指出了怎么处理：为提高其处理水平，本项目以脉冲……但是没有把结果说出来，能够达到什么样的效果，能够帮助人们实现什么样的便利等问题没有交代清楚。第二项的项目意义内在逻辑明确，但延展不足，单独针对这一个问题进行分析，没有考虑到同类问题或者问题解决后进一步解决其他问题的参考价值等，显得项目没有任何延续性和借鉴意义，当然可能与项目本身有关系。第三项是研究现状及参考文献，目前高校大学生基本都能够熟练地使用图书馆网上查询，为查找研究内容和文献提供了很大便利。在查找文献时，首先需要考虑该项目需要一手文献、二手文献还是三手文献。一手文献是原创的材料，二手文献是分析的材料，三手文献是综述和再分析的文献。其次是了解文献的相关性、新鲜度和可靠性。作为创新的项目，文献资源的新鲜度非常重要，如果在三手文献里面有很多这样的内容，那么研究内容的过时性就要考虑一下了。在查找文献寻找创新性的时候要注意两个问题，一是能不能找到新的证据来支持新的理论；二是文献之间的矛盾和分歧点。这两个问题往往是创新的重要来源，在查阅文献的时候要重点关注。项目研究内容方面只要注意三个问题的逻辑关系就可以，如研究的主体是什么，如何解决问题和为什么这样以及这样就可以达到什么样的目的。技术路线和实验方案方面这份项目计划是有缺项的，只是给出了两份实验方案，对技术路线只字未提，实验方案不能取代技术路线，在撰写计划书的时候要把每一项要求的项目都交代清楚，自认为可以写一项代替两项的情况容易造成混淆概念的错觉，评委和专家会认为项目组成员对问题没有理解清楚。

三、大学生创新创业计划书

大学生创新创业计划书是大学生创业者通过创新的方式，在创业项目启动之前，基于前期的调研、筹备，对创新创业项目进行全面说明的计划性材料。通常申报书里面项目是固定的，一般都会包括几个大方面：项目概述、项目组织、产品服务、市场分析、营销策略、生产计划、财务分析、风险与退出等。其中需要明确的几个点有：产品、创新点和创新优势、竞争情况、资本、市场和财务。我们从正反两个案例看看创新创业计划书的具体组织。

（一）案例概述与分析

该计划书紧紧围绕大学生专利开展，专利是大学生创新训练项目的结项作品，项目的创新性体现的很明显，项目核心竞争力强。在进入市场之前已经为产品赋予了较高的科技附加值。项目关注的问题是目前人们最关心的室内建筑材料和家具的污染及治理，尤其是家庭中有幼儿的更是特别需要这一类服务和产品。项目的运营采用检测和治理两个部分开展，有很好的内在衔接性。项目宣传策略依托线上和线下两种模式，在市场调研充分的情况下，项目可行性高，是一份创新和创业两方面都比较成熟的计划书。

麦克斯科技有限公司创新创业计划书（案例为笔者指导的团队计划书节选）：

项目背景：（1）目前我国超过2/3的城市空气质量不达标，已进入大范围生态退化和复合型环境污染的阶段。如果不采取有效的控制措施，国内的大部分城市最终都将发展成为复合型的颗粒物污染状态。PM2.5是表征大气复合型污染的首要污染物。对人类健康有着重要的影响，因此PM2.5市场前景广阔，属新兴朝阳产业。（2）随着全球范围内气候变暖，夏季气温逐步增高，夏季人们臀部积热严重，给人们带来诸多疾病，因此一种夏季清凉坐垫也具有广阔的市场前景。（3）结合专业相关知识，进行社会服务类空气及室内检测服务社会、回报社会。

项目优势：本公司具有环保及创意专利6项，正在申报2项，具有一定的产品创新生产能力。随着专利产生，新兴产品不断地更替，会为公司创造一个广阔的前景。发明：（1）《净化PM2.5的中药防护型口罩滤芯》-ZL201410181957.0；（2）《一种清凉按摩坐垫》-ZL201510360555.1。实用新型：（1）《一种家庭生活用水再利用装置》-ZL201320198757.7；（2）《净化PM2.5的中药防护型口罩》-ZL201420222261.3；（3）《一种清凉按摩坐垫》-ZL201520446533.2；（4）《一种可升降式课堂演示实验台》ZL201020155566.9。公司依托××××实验室具有完善的实验室条件及实验数据分析能力，并且拥有经验丰富的专业指导老师指导工作。目前口罩市场尚未饱和属于新兴朝阳产业，市场前景好，坐垫行业在国内属于先发行列，全国仅有一家制作此类坐垫，并且所有产品均具有专利知识产权保护。

分析：项目背景和项目优势是创新创业计划书的第一部分，更是创新创业计划书的核心所在。它浓缩了整个创新创业计划书的精华，需要精练和一目了然，能够在看完之后明确创新创业计划书的要点和亮点。一般包括产品和业务范围、市场情况、生产和销售的计划、产品的创新点等，要把企业的不同之处说明清楚。该创新创业计划书在第一部分就列出了已经申请成功的专利情况，还把正在申请的专利情况一一说明。技术背景分析和创业背景分析清晰，特色定位准确，尤其是属于国家政策上倾向和鼓励的环保类科技产品，符合了两型社会、低碳经济等政策面趋势。

行业现状和发展趋势：（1）近年来，随着科技的进步，越来越多新型超细纤维被研发并应用于个体防护产品上。基于熔喷工艺的静电驻极材料、基于静电纺丝的纳米纤维等材料具有高过滤效率和低呼吸阻力优势，制成的防 PM2.5 防护口罩防护性能更好，且佩戴舒适性大大提高。作为日常用口罩，其抗菌性也应是考虑的指标之一。口罩与人面部的密合性研究，如口罩结构设计应符合人面部曲线，应尽可能适应比较多的面型结构，以满足不同面型结构和尺寸的人群需求（包括儿童），也应是今后的重点研究方向。（2）室内环境检测与污染治理行业，是因室内装饰装修造成环境污染问题而诞生，随着政府部门的高度关注，各种相关法律的出台，媒体的各种污染伤害报道，更加深了消费者对装修污染危害的意识。大城市居民对室内空气污染的认识与关注已由几年前一无所知上升93.2%，全国各中小城市居民的认识水平与关注程度正紧随其后不断升，服务需求量与日俱增。

分析：在明确产品的概念、性能和特征之后，计划书又对产品的研发、专利、市场竞争力做了一点简要的说明。在行业现状这一部分需要解答的问题应该包括：该行业发展程度如何和现在的发展动态如何；创新技术起到的作用和在解决问题时扮演的角色；行业的整个销售和发展趋势如何。

市场分析：（1）客源市场：①大中小备考学生；②日常家庭；③白领等长期久坐者；④汽车消费者。（2）消费者分析：对于大多数家庭、白领人群、汽车驾驶员以及备考学生来说，一个兼备按摩及散热功能的坐垫是日常工作学习驾驶过程中必不可少的。坐垫从发展到现在拥有很多的消费者。

分析：市场分析这一部分是该创新创业计划书比较薄弱的部分。没有对市场预测和市场现状进行综述，缺少竞争、不足和对反面条件的分析，目标顾客和目标市场的分析不足，产品的市场预期地位和定位模糊。

产品以及行业竞争分析：新型按摩散热坐垫以其独特的设计方式与我国传统的中药针灸按摩结合起来，具有较好的散热效果及按摩作用，很好地解决了夏季臀部散热问题，更起到按摩臀部放松心态作用，产品投资小，利润大，可以进一步研发生产同类功效的沙发垫、凉席以及汽车坐垫等一系列产品，生产工艺大同小异，利于投资和创业，我们是以其按摩和机械散热的高效作用为技术核心，研发种类的多样为基础提供给消费者最舒适坐垫产品和最满意的服务。附近主要的竞争品牌有牧宝、尼罗河、兰亚等。对于新开坐垫店会对学生产生些新鲜感，并且周边有三所学校，客源充足，市场广大，消费潜力大。经调查，目前市场上都仅仅只是传统意义上的坐垫（水垫、竹制坐垫、纤维坐垫），市场需求量大，因此要扩大拓宽市场，我们也将进行变革创新，做市场的领军人，多元化产品结构，学习先进经营管理经验，以按摩和散热效果优良的特色，以“让生活更容易，让生活更便捷”为主题打造一个国内知名新型按摩散热坐垫提升竞争力。

分析：该计划书的产品及行业竞争分析相对较好。产品分析包括产品的概念、性能和特征。产品的市场竞争力、研发过程、发展新产品的计划等都是该部分的主要内容。不管产品的科技含量有多高，一定要有通俗易懂的部分来阐释说明，让不是专业人员的人也能够明白，这一部分如果出现在 PPT 答辩环节时，一般会附上产品的实物图片。

营销策略：（1）促销计划和广告策略：①宣传销售并进，在保证销量的同时，带动品牌的成长。②对于销售淡季，我们可以推出购买 5 只以上就送货上门，很适合宅在家的蜗居一族或者宅在寝室的学生。③为提高坐垫的知名度，进行广告宣传，邀请消费者免费试坐等策略。④建立公司的 IBS（Internet Business System）及微信公众号、微博平台。（2）价格策略：新型按摩散热坐垫定价为 20 ~ 150 元一只。根据不同的外形设计、批发配料等计算，我们的成本是在 5 ~ 35 元一只，所以会有足够的利润。而且该定价也对学生及有车一族具有大的吸引力。（3）营销渠道：招聘具有优秀营销素质的营销人员，提高前后台有效协同的响应能力，科学规范的管理流程，提高店员的素质，培养良好的职业习惯。通过租用店铺、厂家直销、学校代理商以及网络销售。

分析：该计划书的营销策略部分撰写稍显简单。营销策略应该包括：市场机构和营销渠道的选择、营销队伍和管理、促销和广告、价格决策等。涉及每一个方面时，价格指的是制定一个合理的价格体系，是营销里面最敏感的部分，要讲清楚优势在哪里，顾客的选择原因；渠道包括直接和间接，有店铺、上门、电话、网络、代理、零售等；促销包括公关、广告、活动等；人员包括业务培训等。这里面还要提到售后的途径、标准和流程问题。完整的营销策略要有充分而过硬的证明过程，让人相信这样的价格是最合适的，这样的销售是最科学的，这样的培训是最理想的，这样的售后是最贴心的。

市场环境因素分析：选好地段和店面，把握“客流”就是“钱流”原则在人流熙攘的热闹地段开店，成功的概率往往比普通地段高出许多。客流量较大的地段有：（1）城镇的商业中心（即我们通常所说的“闹市区”）；（2）车站附近（包括火车站、长途汽车站、客运轮渡码头、公共汽车的起点和终点站）；（3）小区聚集地附近；（4）学校门口以及校内；（5）人气旺盛的旅游景点；（6）大型批发市场门口。

公司资金说明：初步预算公司完全运作起来需要 5 万元的经费。这仅仅是前期的经费，后期公司正常运行后，由于创业人员多为在校学生，手头资金不充裕，可以采用以下的方式来募集资金：（1）借助国家对大学生创业提供的便捷贷款的政策，通过国家银行贷款募集资金。（2）校园募集资金，举行校园募集资金活动，作为日后购买产品的费用，并提供相应的 VIP 服务。（3）项目组成员自己募集资金，作为年终入股分红的依据。

项目进度安排：2015 年 12 月—2016 年 2 月：公司注册及公司前期准备等事宜，同时对专利产品进行生产加工样品，调查市场情况充分掌握各种信息。2016 年 3 月：办公及加工场所搭建，建立起完善的初步加工工作室，加工设备购进，设计方案最终确立。2016 年 4 月—2017 年 10 月：公司正常运行、推广阶段，产品推向市场，初期面向广大在校大学生推广。

项目存在的风险及应对措施：专利产品在设计销售过程中很容易遭到社会侵权现象，因此需要在产品推向市场前做好专利维护、商标注册等事宜。存在品牌认可度低，打不开市场的风险：这个可以凭借一些营销手段来解决，如通过免费体验、搞促销，免运输费用等手段，来开打市场。

分析：该计划书为节选，所以有的部分（财务）没有设计。节选部分的最后是市场因素、项目安排和风险及退出。关于市场有很多计划采用 SWOT 的方式来组织，即优势、劣势、机遇和威胁，可以尝试使用一下。这里重点谈几点关于风险和管理的问题，风险和管理包括公司在市场、竞争等方面的风险都有哪些，如果遇到准备怎么应付，外部风险和内部风险的简要分析，规避风险的原则和措施有哪些。有的计划对问题和风险轻描淡写，别人怎么写自己就模仿着写上，找不到和没有认真分析自己的项目存在的问题和风险。要知道，现实社会中，大部分的商业机会和项目都会有一些缺点，尤其是在全球经济产能过剩的大背景下，国家都在搞供给侧结构改革，多数行业的机会并不是无限的。那么项目的问题和风险分析就要务实和准确，让看到计划书的人看出项目组织者看到了市场和行业中的潜在风险，这样才有说服力。

（二）案例概述与分析

下面的例子在很多方面存在问题和不足，让我们一一分析一下。

创优实验设备销售中心创新创业计划书（笔者指导的团队的计划书节选）：

项目简介：×××学校为综合性本科院校，目前设有 19 个实验中心，随着学校发展和新上专业的涌现，实验室规划、设备的引进和维护尤为重要。然而，供应商大都为济南、青岛等外地商家，存在专业性差、价位高、维修滞后等问题。本公司代理实验设备，首先立足我院，借助地域和人员优势，为我院实验室信息咨询，设备价值评估、引进及维护等提供更经济、便捷的服务。基于此，扩大经营范围，服务对象辐射滨州及周边地市的其他院校，把公司做强。项目的特色是：（1）为实验室新建和升级提供规划、咨询服务。（2）本代理公司直接提供设备保养、维修服务，便捷并节约成本。

分析：该项目简介列举了代理公司专业、价位和地域等方面存在的问题，没有分析当地的代理公司有什么样的优势和劣势，项目对外市的代理公司分析并不中肯，因为缺乏过硬的证据显得说服力不强。学生们在实验室整天和设备打交道，了解设备的价位和性能，对每年引进设备和维护保养非常了解，能够把身边的问题通过一定的计划和项目进行解决，这一点需要肯定，能够从这样的层面去考虑问题，也是一般项目所不具备的格局。但是对市场的分析和自身的定位显然缺乏说服力。

项目背景和项目描述：×××学校设有 19 个实验中心（室），其中 2 个为省级实验教学示范中心，每年都会为教学引进大量的实验设备。而省内缺少教学仪器生产厂家，校方必须与省外设备生产厂家取得联系。最终为实验室提供设备的一般为外地代理商，由于设备种类繁多和代理商的专业性较差，校方在某些情况下对于一些厂家的设备质量不能充分了解，造成了设备质量参差不齐，影响教学。通过调研，其他高校也存在类似问题。随着政府对学校的大力建设，我校的硬件设施需求也不断增强，这就更需要代理商提供更准确有效的信息咨询及更优惠的价格。随着时间的发展，我校现有的仪器设备也逐渐显现出一些问题。一些设备逐渐老化，跟不上教学需求，考虑到经济问题而又无法淘汰，陷入了一定的尴尬局面。同时，在设备使用过程中，由于学生的操作不当造成设备的损坏阻碍教学，少量设备的损坏厂家又不能及时前来维修，一些高端精密仪器又无法替代不得已停止该设备的使用，使教学趋于停滞。因此，校方有必要做好设备的引进和后期维护等一系列工作，这就需要代理商提供更专业、更便捷的服务。针对设备引进和维护问题，我们学校做了很多工作。比如说安排专家亲自进行实地考察，但是由于设备品牌众多，设备生产基地又距离较远考察工作极为不便，到现在我们引进的设备也不能保证拥有可靠的质量，而且也面临设备的后期维护及置换的问题，结合以上的问题，项目组成员利用所学知识，结合实验教学中心需求，萌发了想做实验设备品牌代理这个想法。项目组通过对我们学校实验中心进行走访调查，针对实验设备所存在的问题定性分析，制订出详细的设备引进方案，并通过邀请教学专家对实验中心现有的教学环境进行评估，实现对设备的及时更新与完善。我公司与设备生产厂家建立起合作关系，使设备的后期维护与置换有了可靠的保证。

市场分析：×××学校是一所全日制综合性本科院校，设有 19 个实验中心（室），其中 2 个为省级实验教学示范中心，设备引进通过国有资产管理处采用公开招标的方式引进，近年来政府每年对我院这方面的投入在 2000 万元左右，现有的外地代理商利润一般在 30% 左右，计算下来，代理商在×××学校一所高校所得利润为 600 万元左右，扣除其他费用约 100 万元，所以实际利润 500 万元左右。我公司成立后，以质量第一、薄利多销为原则，发挥地域和人员优势，将代理利润控制在 20% 左右，实际利润控制在 15% 左右，假设能占领×××学校一半的市场，这样一年的实际利润约 150 万元。如果能够开拓经营范围，再占领×××市及附近地市 3 所相关高校的市场，年实际利润可突破 500 万元。

说明：该计划书市场分析部分不完整，有优势和机遇的分析，没有劣势和威胁的分析。认为通过价格（降低利润）就能够击败一半以上的企业，甚至向外扩张，显得过于简单，没有考虑到公开招标本身就是个价格和质量的博弈，如果能够轻松把利润比别的公司降低 10%，那就不是招标了。

竞争优势：本项目有着巨大的优势：价格优势。本公司可以提供准确的信息咨询和完善的售后服务，可为校方省去一大笔考察支出和设备运输成本，本项目在实施初期，会大幅优惠消费者，抢占市场份额。质量优势。本公司以质量第一为原则，通过更专业、便捷的服务，为高校实验室建设提供更高质量的服务。质量好，价格优，公司经营将会一帆风顺。

分析：竞争优势一项过高地夸大了企业的优势，如声称自己的项目具有巨大的价格优势，这样夸张的情况，在技术和科研并不突出的项目里面是很难被人接受的。

经营策略：陈列促销。将联系生产厂家，在本公司提供展间，在校园内向教职工及学生开放以供考察。其作用最主要是宣传品牌、提升形象。文化销售：各种古板而简单的促销方式已经不能再吸引人们的目光，富含文化因素的、能满足经济发展和文化生活需要的文化促销开始活跃起来，可以通过创办实验操作体验工作室，丰富校园生活。让教职工对实验设备更加地了解，让学生对实验教学充满兴趣。多种促销方式融合：综合运用价格促销、人员促销、公共关系促销等方式对产品进行销售，迅速渗入各大高校，达到更好的销售效果。建立档案制和优惠策略：为每个购买设备的学校建立起一整套档案，包括设备品牌、购买日期、设备用途等，并定期询问设备的使用情况。双休日期间设备陈列室、体验工作室免费向大众开放。开业前一个月，凡购买本公司实验设备者，赠送三次保养；从购买期开始一年内设备出现故障，本公司将会联系专业人员上门免费维修；凡一次性购买几台设备以上，可享受打折优惠。

财务分析：本项目前期需要投资5万元左右，主要是租赁相关场地存放实验设备，前期宣传以及样本设备引进和运输费用。后期公司运行后，费用主要为短期的设备押金，需要资金较多，约50万元。

公司的主要机构：由于公司初期规模较小，我们将采用直线职能式的组织结构，充分发挥个人和职能部门的专业特长，主要核心管理人员的构成如下：

总经理：全面负责公司的经营管理；

业务主管：主要负责公司产品的开发、相关业务的培训；

企划主管：主要负责公司品牌行销计划、广告策划、公共关系维护；

市场主管：主要负责公司的市场细化、客户开发、市场拓展计划；

财务主管：主要负责公司资金营运管理和财务核算；

客服主管：主要负责与客户沟通、开发新客户、维护良好的客户关系、收集管理客户信息资料等。

公司的资金来源：初步预算公司完全运作起来需要5万元的经费。这仅仅是前期的经费，后期公司正常运行后，由于创业人员多为在校学生，手头资金不充裕，可以采用以下的方式来募集资金。

（1）借助国家对大学生创业提供的便捷贷款的政策，通过国家银行贷款募集资金。

（2）校园募集资金，举行校园募集资金活动，作为日后购买产品的费用，并提供相应的VIP服务。

（3）项目组成员自己募集资金，作为年终入股分红的依据。

项目进度安排：2015年10月—2015年12月：对各大品牌实验设备进行市场调查，并逐个对每个品牌的实验设备进行质量检测。针对滨州学院现有实验环境进行统计，充分掌握各种信息。

2016年1月—2016年3月：场地搭建，建立起完善的设备陈列室及设备操作体验工作室。

2016年4月—2017年10月：公司正常运行、推广阶段。

项目风险及预测：

项目存在的风险及应对措施如下。

（1）设备在使用过程中最可能出现的就是质量问题，如何保障质量。目前采取两个措施：第一是加大对各种品牌设备的市场调查力度，保证符合教学使用标准；第二是采取后期服务保障制度，用最有效的措施延长设备的使用时间。

（2）存在品牌认可度低，打不开市场的风险：这个可以凭借一些营销手段来解决，比如说参观设备运行现场，了解设备的使用状况，搞促销，免运输费用等手段，来开打市场。

项目预算表：

单位：元

公司宣传海报	30×60=1800
兼职人员报名表	500×0.1=50
兼职人员招聘海报	5×80=400
兼职种类报名表	800×0.1=80
宣传单	3000×0.05=150
兼职人员档案	100×5=500
场地租赁	5000
办理营业执照	3000
调研差旅费	2000
样本设备购买	24800
流动资金	10000
办公用品购买	3000
总计	50780

分析：该项目能够把身边遇到的困惑和问题通过创新创业计划的方式进行解决是值得鼓励的，而且能够不受学生的视野限制，从学校和实验室的角度考虑问题显得难能可贵，比一般的项目和想法在格局方面要大一些。但是缺乏市场调研和对业务服务本身的挖掘，在组织撰写计划书时漏洞百出，有时仅仅分析自己的优势和长处，没有分析市场和竞争对手，对风险没有一个清醒的认识，没有考虑自己的劣势和威胁，计划书给人不完整和不成熟的印象。

四、创办企业流程与注意事项

1. 培养创业意识

我国最早的创业大赛是清华创业大赛（1998年），大学生进入大学之后不要忙着选择项目开始创业，应该先从创新创业大赛开始，学着进行前期的市场调研和论证，只是凭自己的兴趣和想象来决定投资方向，甚至仅凭一时心血来潮做决定，一定会碰得头破血流。一般来说，大学生创业者资金实力较弱，选择启动资金不多、人手配备要求不高的项目，从小本经营做起比较适宜。在具有创业能力之前要先具备一定的创业精神和创业想法，创业精神（理念）包括勇于承担责任，尤其是社会责任；多学多问，防范风险等。创业想法则需要在实践中产生，不管是科研专业的实验，还是创新创业比赛的实践。创业意识还包括很重要的创业心理，创业是艰苦和富有风险的，创业需要有渴望成功的心态，更要有面对失败的勇气。

2. 建立创业团队

一个人的创业占到的比重很小，不管这个团队分工如何，大学生创办企业往往需要一个团队。目前的高校学生基本都是“独生子女一代”，自我意识强而合作意识薄弱。创业团队面对的不都是一帆风顺，很多时候迎面而来的是风险、困难和挑战，创业团队需要在团结、信任、互相补台的基础上实现事业的发展，这就需要创业者有团队精神，而且善于培养团队精神。能够在完善自我的同时，融洽带领团队成员，将思考性、自主性、沟通性贯彻到每一个团队成员。需要注意的是要以法律文本的形式把企业的利润分配确定好，把责权利界定清楚，细致到人事安排、融资撤资、分红权和解散等，都要沟通并确定好。

3. 前期的市场调研

遇到商机和发现商机的时候，不要忙着进行企业注册，而是应该先进行市场调研，不能凭主观臆测去确定市场情况，否则不了解市场的供求状况，很容易走弯路。已经有很多大学生创业者因为没有做市场调研或者市场调研不充分而失败。“通过市场调研可以发现问题，发现原来创业设想中不合理的部分，并及时改正。”在一家投行任投资经理的刘博告诉中国青年报记者，很多创业者认为花费时间做市场调研会消磨自己的创业热情，其实做市场调研也是创业的一部分，对市场需求都不了解，只能是闭门造车。发现商机当然会让人激动，但市场会不会接受你，最终还是需要调研来决定，所以说，好的市场调研是成功的一半。市场调研在手段上有街访、深访等，大方向上有针对消费者、行业、专业等，最理想的是，把不同维度都包含在里面的综合调研。大学生创业者不要把市场调研想得特别难，其实就是根据自身情况，去找顾客聊天，但是一定要多聊。根据行业惯例，得出任何一组数据之前都要与至少30个人聊。不能前5个人都说好就认为可以了。

4. 营业执照申请

2015年《国务院办公厅关于加快推进“三证合一”登记制度改革的意见》和《工商总局等六部门关于贯彻落实〈国务院办公厅关于加快推进“三证合一”登记制度改革的意见〉的通知》下发，各省市的“三证合一”登记制度开始推行，“三证合一”登记制度是大学生创办企业首先需要注意的一个改变。下面以山东省为例来看看这项政策的具体实施：

企业创办相关政策概述及实施分析：

山东省人民政府办公厅关于贯彻国办发〔2015〕50号文件实施“三证合一”登记制度的通知（节选）：自2015年10月1日起，我省全面实施“三证合一”登记制度改革，通过“一窗受理、互联互通、信息共享”，将企业登记时依次申请，分别由工商行政管理部门核发工商营业执照、质量技术监督部门核发组织机构代码证、税务部门核发税务登记证，改为一次申请，由工商行政管理部门核发加载法人和其他组织统一社会信用代码（以下简称“统一社会信用代码”）的营业执照。实施范围为各类企业、农民专业合作社及其分支机构（以下统称“企业”）。个体工商户注册登记暂按现行规定执行。改革后，企业的组织机构代码证、税务登记证不再发放。企业原需要使用组织机构代码证、税务登记证办理的相关事务，一律改为使用“三证合一”后的营业执照办理。各级、各部门、金融机构办理相关企业事务时，不得以任何理由要求企业提供组织机构代码证和税务登记证或开具相关证明。全省各级工商行政管理部门（市场监督管理部门，以下简称“登记部门”）要按照“一窗受理”的要求，设立“三证合一”综合受理窗口，实行“一个窗口”对外，统一接受咨询，统一办理登记业务，统一发放营业执照。要按照公开办理、透明办理的要求，编写登记办事指南、登记表格填写示范、登记流程指引等材料，通过各级政务服务中心、工商登记窗口、政府门户网站等向社会公示。根据《意见》“规范统一”的要求，在全省实行统一的登记条件、登记申请表格和提交材料规范。申请人办理企业登记时只需填写规定的“一表”内容，向“一个窗口”提交符合国家规范的“一套材料”即可。办理注销时，企业需提供税务部门开具的“清税证明”。各级登记部门要严格按照《通知》中确定的企业登记申请文书规范和企业登记提交材料规范，办理各类企业登记业务，不得擅自修改或增减内容（住所或经营场所登记管理除外）。企业基本登记信息和营业执照在全国企业信用信息公示系统上公示。根据《意见》“便捷高效”的要求，按照“优化、整合、一体化”的原则，优化申请、受理、审核、公示、发照等登记程序，由“一个窗口”受理登记申请，经登记部门“一次审核”后，直接发放营业执照。任何部门和单位不得擅自增加审批程序。根据《通知》要求，以省为单位，建设信息共享平台，统一进行信息交换。结合我省实际，在省级公共信用信息交换和共享平台建成前，依托现有信息化设施和资源，由省工商局会同省质监局、省国税局、省地税局利用电子政务外网或建立数据接口专线，按照国家有关标准，实现企业登记信息在工商、质监、税务部门的共享交换。省级公共信用信息交换和共享平台建成后，逐步过渡到依托省级统一的信用信息共享交换平台进行信息交换。

可以把以前的企业创办流程分为：申请人向工商部门提交材料并审核以取得工商营业执照，然后申请人向质监部门提交材料并审核以取得政府组织机构代码证，然后申请人向税务部门提交材料并审核以取得税务登记证。以前的流程长且项目烦琐，需要提交的材料复杂，最重要的是申请的周期长。现在的创办流程简化为一条：申请人向工商部门提交材料，审核通过后获得社会信用代码营业执照，工商部门会把企业登记的信息传输共享给质监部门和税务部门，时间上一周以内就可以完成，当然大学生创办企业的时候注意需要开具企业场地相关证明材料，该项材料的准备可以在学校或指导教师的帮助下完成。

第四节 新形势下应用型高校大学生创新创业融资与风险管控

一、创新创业融资与案例分析

创业需要资源，有人、物和财。不管是有形的资源，包括场地、设备、办公家具，还是无形的资源，包括专利、品牌和客户源。一个企业需要很好地利用资源和聚拢资源的能力。大学生在校期间进行创新创业融资，是一个整合资源、利用资源的过程。项目的早期和扩张阶段是融资的重要节点，因此需要特别注意融资的成功。从狭义上讲，融资是一个企业的资金筹集的行为与过程。也就是说公司根据自身的生产经营状况、资金拥有的状况，以及公司未来经营发展的需要，通过科学的预测和决策，采用一定的方式，从一定的渠道向公司的投资者和债权人去筹集资金，组织资金的供应，以保证公司正常生产需要、经营管理活动需要的理财行为。公司筹集资金的动机应该遵循一定的原则，通过一定的渠道和一定的方式去进行。对于大学生而言，第一次融资就是启动资本，主要是保证创新项目和新注册企业的运行投入资金。当企业进入扩张阶段后则需要追加资本投入，一轮甚至多轮融资。这里我们可以先了解几个概念。

1. 小额担保贷款

2009 年国务院办公室《关于加强普通高等学校毕业生就业工作的通知》中指出：创业自筹资金不足，可申请小额担保贷款，额度不超过 5 万元。如上海市政府规定：大学生自主创业，可向银行申请最高额度为 7 万元开业有担保贷款，并享受贴息政策优惠。

2. 创新创业基金政策

财政部《政府投资基金暂行管理办法》规定，各级财政部门一般应在以下领域设立投资基金：支持创新创业；支持中小企业发展。文件明确规定，为了加快有利于创新发展的市场环境，增加创业投资资本的供给，鼓励创业投资企业投资处于种子期、起步期等创业早期的企业。为了体现国家宏观政策、产业政策和区域发展规划意图，扶持中型、小型、微型企业发展，改善企业服务环境和融资环境，激发企业创业创新活动，增强经济持续发展内生动力。全国各省市都出台了细化的支持政策，如上海市教委、科委每年投入 5000 万建立基金会作为科技教育专项拨款，用来扶持创新创业项目。

3. 风险投资

百度词条解释：我国的风险投资出现于 1985 年，简称 VC，在中国是一个约定俗成的具有特定内涵的概念，其实把它翻译成创业投资更为妥当。广义的风险投资泛指一切具有高风险、高潜在收益的投资；狭义的风险投资是指以高新技术为基础，生产与经营技术密集型产品的投资。根据美国全美风险投资协会的定义，风险投资是由职业金融家投入到新兴的、迅速发展的、具有巨大竞争潜力的企业中的一种权益资本。以百度、新浪、搜狐、携程、如家等为代表的一批留学人员回国创业企业给国内带回了大批风险投资，这种全新的融资方式，极大地催化了中小企业的成长。投资期限至少 3 ~ 5 年，投资方式一般为股权投资，通常占被投资企业 30% 左右股权，而不要求控股权，也不需要任何担保或抵押；由于投资目的是追求超额回报，当被投资企业增值后，风险投资人会通过上市、收购兼并或其他股权转让方式撤出资本，实现增值。

4. 天使投资

百度词条解释为，天使投资是权益资本投资的一种形式，是指富有的个人出资协助具有专门技术或独特概念的原创项目或小型初创企业，进行一次性的前期投资。它是风险投资的一种形式，根据天使投资人的投资数量以及对被投资企业可能提供的综合资源进行投资。很多企业家都是天使投资人，如雷军、周鸿祎等。

5. 社会征信体系

百度词条定义为：指通过对法人、非法人等企事业单位或自然人的历史信用记录，以及构成其资质、品质的各要素、状态、行为等综合信息进行测算、分析、研究，借以判断其当前信用状态，判断其是否具有履行信用责任能力所进行的评价估算活动。2012 年 12 月 26 日《征信业管理条例》经国务院第 228 次常务会议通过，2013 年 1 月 21 日中华人民共和国国务院令第 631 号公布。我国的社会个人征信体系目前正处在建立和完善阶段，目前全球的个人征信体系一般分为三种。一是以欧洲大陆国家为代表的政府主导模式的个人征信体系；二是以美国为例的市场主导模式的个人征信体系；三是以日本为例的行业主导模式的个人征信体系。英美的个人征信市场发展得益于市场化运作，已经形成了稳定而成熟的商业模式。国内目前征信体系的问题主要集中在政府相关制度配备有待完善，大数据监管规范程度不高和各自为政的征信系统急需互联互通。

现阶段大学生创新创业融资面临的几个问题：一是银行等金融机构为了保证收益、降低风险，对贷款者、贷款企业的财务状况有严格的要求，对于财务不规范、风险度偏高的大学生创新创业项目审批困难，因为缺少抵押和担保的保证，没有过硬的审核条件，银行等大型金融机构对大学生创新创业的审批困难重重。二是小型金融机构、民间借贷、网贷虽然借贷手续简化，但是大学生借贷风险偏高，容易因为个人金融知识匮乏，陷入高利贷陷阱。解决大学生创新创业融资问题的办法主要有：改革相应大型金融机构融资服务政策的同时，建立专门的大学生创新创业贷款机构。加大政府行政的干预力度，从不同层面，多渠道合力推进银行信贷投放指标，完善贷款风险补偿机制。建立以市场为导向、规范法制的多元化金融融资体系，吸纳并规范中小金融机构、民间机构和网贷机构，增加机构的违约、违法成本，建立透明和公平的信贷信息制度，放宽机构的准入机制，严把机构的审核机制。发展和规范风投。大学生创新创业项目具有高风险和高回报的特点，这一属性与风投匹配，而风投正是基于这样的对象和目标进行投资的。但风投目前存在投资者和融资者两方面的风险和顾虑，需要政策的约束、规范和扶持。三是在学习国外成熟的社会个人征信体系的基础上，完善国内征信系统的制度化、法制化和体系化建设，在互联网和大数据的使用和约束方面体现数据、法律和政策的完美融合。

下面通过两个真实的案例来看看大学生创新创业的融资过程。

案例概述（1）：小胜是大学三年级的学生，所学的专业为生态学。他在与同学参加创新创业大赛的时候萌生想要开社区连锁蔬菜销售入户的想法，经过前期与蔬菜基地、小区等协商基本解决了场地和供货的问题，主要存在的问题就是启动资金的问题。除去父母能够提供的资金外，小胜的融资需要预算为50万，这一笔资金小胜开始时多方筹集，经过近半年的融资过程，小胜尝试了所有的融资渠道也没有办法实现50万元的融资目标。经过深思熟虑，小胜放弃社区连锁蔬菜销售的想法，因为他发现启动资金很大一部分要支付在蔬菜本金和投递蔬菜上。经过重新规划，小胜首先创新了蔬菜的生产模式，引入了专业所学的无土栽培技术，从一种蔬菜（芽苗菜）入手，通过互联网的众筹手段，大大降低了原始启动资金。因为不需要小区提供销售场地，蔬菜的投递采用集中领取和众筹者自取的方式，蔬菜的价格虽然降低了，但是蔬菜的成本算下来比之前的低得多。整个启动资金由50万元降到3万元，小胜的芽苗菜销售顺利实现，入住学校创新创业孵化基地一年之后成功孵化。

案例概述（2）：小张同样是大学三年级的学生。他开始并没有创新创业的打算，毕业设计时自己结合大气污染的一个甲醛治理开始做实验，经过整理完善，小张把成功的实验数据转化为发明专利，他研制的药品在配比后能够有效地降低甲醛的挥发危害。这给了小张极大的信心，他准备筹备一个自己的企业，为所在城市的小区居民测试室内和家具的甲醛等有害气体的浓度并加以治理。经过认真细致的市场调研，小张发现人们不仅要治理甲醛，还很需要把室内和家具上残留的各种建筑材料异味去除，经过向导师咨询，自己查阅相关材料，很快第二种持久有效的芳香药剂成型了。小张购买了专业的室内检测设备，购买了前期的药品、工作服，完成了工商注册，所有的启动资金合计不到一万五千元。因为科技附加值高，他的产品利润高，通过网络的营销手段和宣传，他的环保科技有限公司开得红红火火。

案例分析：从个人层面来看大学生在创新创业融资前需要考虑的主要问题有：一要考虑到项目或者行业的密集程度。可以在大众的项目里面考虑小众的区域，不要在集中和密集的项目中扎堆开展，密集的行业和项目往往意味着需要付出更多的投入才能提高利润空间。如果没有非常好的项目和进入行业，可以考虑从自己最擅长的专业方面进行考虑，有时不是专业不行，而有可能是专业方面想的和做的还不够深入。目前互联网相关的项目是大学生最喜欢的项目之一，如果没有发现合适自己的项目是不是考虑一下传统的项目。前几年的农村电商就是一个很好的例子。当大家都冲在时尚的最前沿体验风口浪尖的刺激时，回归传统也不失为一个不错的视角。二是大学生创新创业出现资金短缺的情况很正常，考虑到融资渠道时，要注意融资渠道的规范和安全，不要贪图方便和快捷而选择资质差和无监管的机构进行融资。企业成长初期，尤其是企业的种子期时，要考虑清楚启动资金是否能够通过多种途径减少，因为目前大学生创新创业初期的融资还远远达不到创业成熟期融资那么容易，如果在前期的启动资金投入过多，考虑到大学生创新创业的高风险性，那么一旦失败对于大学生的打击是比较大的。可以考虑通过降低成本和网络运营等模式减少启动资金的总量。三是重视科技转化成果的重要性。2015 年，我国颁布《科技成果转化法》等相关法律文件；2016 年，教育部与科技部又联合发布相关细则。在此背景下，越来越多的高校重视将科研项目转化为大学生创新创业项目，形成了大学生高质量创新创业项目的重要来源。如在第二届“互联网 +”大赛中，西北工业大学的“微小卫星”项目、东南大学“海得逻辑”等项目，都是科技转化而来，而在大赛的金奖项目中，有三分之一以上是科技成果转化。四是重视知识产权的问题。第三届世界互联网大会在中国的南方小城乌镇成功举办，本次大会的关注点和焦点就是知识产权保护的问题。中国科学院大学法律与知识产权系主任李顺德表示：“无论是现实领域还是网络领域，知识产权无处不在。特别是在互联网经济飞速发展的过程中，知识产权问题也层出不穷。加强知识产权保护、强化网络空间的治理、推动网络空间安全有序势在必行。”从第二个例子，我们可以看到小张同学十分注重对自己产品的知识产权保护，在企业创办前先行申请了国家发明专利，大学生创新创业热情高涨，有可能会忽略对于企业产品和服务项目的知识产权保护，一旦出现相关的纠纷，如果对方先一步申请了相关的专利，那么己方就会陷入被动。这一点不管是线上的项目还是线下的项目都要考虑到，有时候“互联网 +”的项目更加需要重视到这一点。

二、风险管控与案例分析

关于风险的概念不同的学者有不同的理解。政府网站可查的相关政策：《风险管理》（中国银行业从业人员资格认证办公室）对风险的解释是“未来结果出现收益或损失的不确定性”。《风险管理原则与实施指南》（ISO/DIS 31000）给出了一个广泛认可的风险定义：不确定性对目标的影响。由此．我们可以看出：很多人将风险与不确定性这两个术语等同使用。认为风险就是一种不确定性，这至少可以被认为是对风险的一种不完全的认识。

大学生创业风险教育需要有一种未虑胜先虑败的观念，创业教育有时候是鼓励大学生去探索、去冒险的教育，但这种鼓励冒险的教育不应该建立在冲动和盲目的基础上，如果没有计划性和对风险的充分认识和准备，那么创业的成功率将会降低，未来的创业的打击是巨大的。大学生创业的风险来源：一是项目自身的风险。一个项目需要做好方方面面的考虑，包括创业项目的选择、创业商机的提炼和评估、资源的整合融会和商业模式的选择等，每一个板块都是项目成功不可或缺的部分，无论哪一个部分出现问题，项目都存在创业失败的风险。有的大学生在创业之初满腔热情，感觉到商业机会之后，没有完善和充分的市场调研和资金准备，尤其是看到目前社会上低龄化创业成功人士越来越多，不服输的精神让很多人冲昏了头脑，急功近利的情况下，项目匆忙开始，这种盲目的冲动是很多项目在前期就宣告失败的风险原因。二是盲目复制和“山寨”。大学生创业如果没有专业和科技优势就很容易陷入复制和“山寨”的范式里面，开展一些缺乏核心竞争力和看似比较容易的项目，有的大学生希望在别人成功的经验上再复制一遍，也追求自己能够在同样的道路上再成功一次，而没有对所涉足的行业领域进行深入的分析和评估，是否适合自身条件、是否适合当地条件、是否适合周围的环境和人群，统统没有考虑和调研，这样的项目同样存在着很大的失败风险。三是创业团队风险。创业团队是创业者因为相同的项目走在一起的人，最初的目的统一，个人利益和追求的梦想一致。随着项目的深入，尤其是面对困难和矛盾时，团队成员是否能够保有相互之间的默契很难保证，如果前期有在一起创新训练的过程还好，如果是临时组建的团队，只是因为资金或者其他原因才走到一起的团队，则很容易因为红利分配或者其他原因导致团队的分崩离析。四是市场运营风险。市场是大学生创业成功与否的最终落脚点，市场主体在从事经营活动的过程中，由于产品或者服务的市场供求不平衡或者不匹配，从而面临的盈利不确定性或者亏损的可能性就是市场风险。这个市场的因素同时就是用户的因素，客户的多少、订单的多少、盈利的多少，这些情况都会影响项目的进行，市场上本身就存在的技术复制、行业垄断甚至知识产权侵权等问题很容易让客户流失，市场风险对一个大学生创业团队而言有时是最严重的。五是资金链问题。媒体上常常报道资金链断裂导致某些大型企业甚至上市公司的破产，有的大学生很难理解这个问题。大学生朋友有时间和有条件可以组织一些同学玩一下创业培训游戏模块里面销售帽子的游戏。当玩完这个游戏之后就会对资金链断裂为什么导致企业尤其是大企业倒闭有一个深刻的认识。如何规避和对这些创业风险有一个清醒的认识是大学生创业非常重要的准备环节。

1. 风险管控案例概述及分析

笔者参加创业培训的案例教学：帽子游戏。很多大学生创业者对资金链没有一个清醒的认识，认为有多少花多少，多了就多花，少了就少花。从来没有想到过资金链对一个企业的意义，也不知道如果资金出现问题对企业意味着什么。下面我们从一个简单的帽子游戏来看看资金的重要性。可以把参加创业培训的人员分为三组，他们生产的产品就是帽子（在游戏开始之前交给培训者帽子的规格和要求，让大家明确什么是合格的帽子，什么是不合格的帽子）。把游戏的分组、道具、规则告诉大家，这里面重要的信息包括帽子的原料需要多少钱，从哪里可以买到，如果帽子质量没有问题，假设在没有问题的情况下就会被全部卖掉能够赚回多少钱，如果帽子质量有问题会卖到多少钱。这里就可以看出如果能够卖出才能产生利润，如果没有卖出就要亏本贱卖。当游戏进行到这里的时候，创业培训者就能够直观地感受到“质量是企业的生命线”这句话了，这个质量既包括产品质量当然也包括服务质量。那么资金的来源这里暂定为银行贷款，既然是银行贷款当然有一定的贷款利率，只有从银行拿到启动资金，企业才能够购进原料和开始生产，如果产品卖出的资金能够还给银行后有剩余，那么剩余部分就是企业的，如果没有资金还银行则出现了欠债的问题，同时不能再从银行借贷什么资金，企业的生产就会出现无原材料可用的窘境。企业产生的剩余需要购买生活必需品（实际就是工资等），同时企业还会遇到意想不到的问题，如厂房失火、小偷光顾等。这里面还有一个取舍问题，就是如果企业有一百块钱，那么企业是把钱全部用来投入生产，还是拿一部分出来作为保险资金以备出现问题的时候，能够用来购买原料让生产继续。如果拿出一部分资金作为保险的话，那么在与其他企业竞争输赢的时候，在同一个起跑线上的时候如果对方没有留出保险资金，那么很显然在起跑线上这家企业就输了。所以很少有企业会在求稳的心态下留出足够的资金进行保本，因为这样本身就是冒险。在经过几个生产、销售和利润计算的周期之后，各组都很平稳，这时候情景卡就要出现了，有的需要破财，有的被强制把钱都取出或者存入，有的需要买最贵的生活用品等。在一周里面有的购买原料、生产、销售、贷款、制订计划、购物和休息都是有固定计划的，给人的感觉与股市一样。游戏开始之后，几个组都平稳开展，当出现情景卡之后，各组的表现开始各不相同。有的运气比较好，没有因为情景卡的出现而影响生产和销售，有的帽子质量很好，没有影响下一步的销售和进货再生产，有的则出现了各种问题。出现问题的企业开始出现回笼资金的问题，没有足够的钱去买原材料进行再生产的时候，要么高利息借贷，要么贱卖原材料，但这两种处理办法都会导致很大的风险，结果很有可能是原材料全部贱卖之后，还不够银行的本息，高利息借贷之后生产的利润还不够借贷的利息，这就是资金链断裂的危害。那么造成资金链断裂的原因有很多种，有的在销售环节，有的在生产环节，有的在福利环节，有的在企业预留资金环节，有的甚至在天灾人祸方面。大学生创业项目有地效规避资金风险除了要注意以上的几个环节之外还要注意两个问题，一方面要量入为出、用资谨慎。一定要注意资金的精打细算和合理使用，切忌大手大脚没有计划性；另一方面要熟练运用国家和地方的优惠政策，降低贷款的借贷利息，争取无息或者低息贷款，降低企业资金的风险。在融资过程中要开拓渠道，注意融资的利率和安全性。

2. 开展创业风险教育

创业开始再进行风险的识别、防范和教育有些为时已晚。大学生创业风险管理、教育和培训应当在创业之前就开展。主要包括外部风险管理和规避部分与自身风险识别的处理部分。外部风险管理和规避主要指的是政府和学校要在风险发生之前，根据以往的经验，通过机构设置、帮扶机制、创业生态联动和风险导学来实现。目前我国大学生创新创业的机构设置在逐渐规范之后，如高校传统的创业孵化基地和政府主导的众创空间等。大学生在这一类机构入驻并开始自己的创新创业项目具有以下几个风险规避的优势，一是机构内部的创业导师很多是企业家、风险投资人、专业的创业导师，他们熟悉市场规律、新创企业容易遇到的问题，对于新创企业的成长可以进行有效的管控，可以提供法律援助、市场开拓、项目引导和技能培训，能够有效规避创业风险。二是这类机构成功案例的启示以及不成功案例的警示作用。机构内当然存在有不能成功孵化的以及创业失败的情况，大学生创业者可以从中吸取失败的教训。同样，面对大量成功的案例，大学生创业者可以在观摩学习中体会到成功企业是如何做到规避风险和处理风险的。三是社会上商界朋友和成功孵化校友对机构的沟通、交流和帮助。来自社会上和刚刚进入社会的成功项目对大学生创业起到了很重要的作用，毕竟机构内部的项目还处在孵化阶段，与社会之间还有一段距离，像是温室内的花朵，在温室里面旺盛的生命力能否经得起室外残酷环境的考验是个未知数。社会上的商界人士以及成功孵化的校友可以给这些大学生提供宝贵的市场经验，尤其是从孵化到独立的过程经验，当然里面很重要的一部分就是风险的规避和处理。创业风险的课程知识方面还需要增设和完善，目前的高校创业教育课程体系处于建设完善阶段，课程内容里面鲜有创业风险的因子，多数的创业教育课程还集中在指导创业意识形成、寻找创业资源和创办企业流程等方面，创业的风险、遇到风险怎么处理以及健全的市场认知等方面相对缺乏。这就需要建立一个全方位、多层面的创业生态联动机制，政府、社会和学校都应在这个联动机制内部。工商、税务、保险、银行、法律服务以及众创空间等多机构联合开展创业市场风险宣讲，围绕创业政策和创业融资进行政策普及。利用自有资金设立大学生创业风投和专项基金，降低大学生创业风险。大力扶持大学生创业孵化基地和众创空间，让大学生能够接受更多专业的辅导，在企业创业初期和风险管理相对低下的种子期，在专业机构的帮助下能够顺利度过。

自身风险管理和规避是大学生创业者本身需要掌握的风险管理能力，

包括创业风险识别及评价、创业风险规避与处理、创业风险心理管理等部分。创业风险识别能力是指创业主体能够及时察觉影响创业目标顺利实现的主要不利因素，并能准确把握这些因素的基本特征及其危害性后果的能力。具体操作的时候，大学生创业者可以针对创业的每一个环节，尤其是会出现风险的环节进行逐一排查，虽然不能完全洞察所有风险，但是具有基本特征的典型性风险还是能够排查得出。发现创业风险后要对风险进行评价和评估。创业风险评价能力是指在创业项目或初创企业生命周期内对创业项目风险进行跟踪辨识和分析，为有效地控制风险提供依据的能力。这些创业风险主要包括政策风险、经济风险、技术风险等。当发现创业风险并对其进行估价后，重要的是能够学会如何科学地处理创业风险。创业风险处理能力是创业主体在科学进行风险识别和风险评价的基础上，灵活地根据风险性质、概率和预期损失的大小，选取适宜的风险处理方式的能力。一般包括风险控制、风险自留和风险转移。风险控制需要大学生创业者具有足够的经验知识、风险处理技巧，否则很难奏效，项目风险容易失去控制；风险自留是在充分的风险评价的基础上，评估认为风险的危险小或在可控范围之内，甚至有可能不会造成损失的情况下。风险自留要具有非常准确的风险评价能力，如果只是冲动的选择，那么这种做法是不可取和具有危害性的；风险转移是把风险转移给保险公司或风投机构。这是一种科学并且符合市场规律的方法，但由于保险和风投相关的业务设置以及观念问题，目前运用状况并不广泛。

后　记

《新形势下应用型高校德育和创新创业》在撰写过程中遇到了很多难点，包括传统文化怎样创新传承、透过网络新词来认知网络文化、应用型高校德育的分析以及创新创业与互联网的融合等。同样也出现了很多不足之处，包括如何更好地用案例解读的方式来梳理德育工作的每一个环节、如何更好地用点面结合的模式呈现两种文化的主要脉络以及章节与章节之间的衔接与设计等。一本书的出版就像一个人的成长，十五年的德育工作见证了我从青年到中年的成熟历程，对于资质平平的我来说，这本书与其说是一个总结，更像是对自己的一种鞭策。完成书稿已半年有余，虽然青涩和不尽完善，但却是我实践中学习、困惑中苦研的结晶，凝聚了我的思考、批判和总结。回顾点点滴滴，真切感受到文字的苦与乐，感恩家人和同窗的鼓励与支持，感谢从未谋面却挚友良师般的出版者，是这些使我勤勉不怠、不忘初心、继续前行。

参考文献

[1] 王思义．中国传统文化纲要［M］．沈阳：东北大学出版社，2013.

[2] 张岱年．文化与价值［M］．北京：新华出版社，2004.

[3] 张波，张怀民．传统文化与中国现代化之路，［M］．郑州：河南人民出版社，2004.

[4] 张晓荣，雷根虎，易宏军．中国传统文化及其现代价值［M］．西安：西安出版社，2010.

[5] 刘海燕．网络语言［M］．北京：中国广播电视出版社，2002.

[6] 周勇闯．中国流行语［M］．上海：文汇出版社，2006.

[7] 鲍宗豪．网络与当代社会文化［M］．北京：三联书店，2001.

[8] 潘玉坤．汉字的性质［M］．郑州：大象出版社，2007.

[9] 北京地区高等院校第二课堂教育与人才培养研究［M］．北京：中国铁道出版社，2011.

[10] 刘华政，胡吉红．思想政治教育及其资源开发研究［M］．南宁：广西人民出版社，2015.

[11] 黄敬宝．北京高校大学生就业与创业调查研究［M］．北京：知识产权出版社，2015.

[12] 教育部政策研究与法制建设司．现行教育法规与政策选编［M］．北京：教育科学出版社，2002.

[13] 徐治彬．“中国梦”的八个基本特征［J］．思想政治工作研究，2013（06）．

[14] 熊明．浅析中国传统文化中阻碍教育和谐发展的消极因素［J］．湖北第二师范

学院学报，2010（01）.

［15］张宝林．论大学生国学教育的缺失与重构［J］．黑龙江高教研究，2009.

［16］齐瑾．从中西文化差异看当代大学生传统文化的缺失［J］．黑龙江高教研究，2010（03）.

［17］王建文．网络语言的现状、分类、流行及发展趋势探析［J］．怀化学院学报，2007.

［18］魏光华．网络时代自媒体传播者的社会责任初探［J］．科技传播，2014（22）

［19］王岳川．网络文化的价值定位［J］．江苏社会科学，2005（1）.

［20］许青云．高校创新型人才培养研究［J］．国家教育行政学院学报，2010（3）

［21］姚群秀，赵硕．基于科学人才观的高校人才培养研究［J］．西北大学学报（哲学社会科学版），2007（6）.

［22］杜玉波．将中华优秀传统文化融入大学教育教学全过程［J］．中国大学教育，2016，（07）.

［23］孙月娟，吴家驹．中华优秀传统文化融入独立学院大学生德育探赜［J］．学校党建与思想教育，2016（538）.

［24］张鸿雁．儒家的与思想的特点及其现代价值［J］．首都师范大学学报，2004（6）.

［25］杨善江，陈光曙．大学生社会主义核心价值观培育的理论与路径［J］．教育探索，2014（11）

［26］陈树冬．论构建新时期高校就业指导和服务工作体系［J］．黑龙江高教研究，2010（4）.

［27］莫光政．大学创业教育系统的构建及其运行研究［J］．中国职业技术教育，2011（33）.

［28］叶云明．金融危机背景下师范生就业危机及应对策略［J］．中国高等教育，2009（9）.

［29］焦思佳，张继红．综合院校师范生就业难的原因与对策［J］．湘潮，2011（4）.

［30］林莉．大学生创业环境分析［J］．经济师，2010（9）.

［31］王占仁，刘海滨，李中原．众创空间在高校创新创业教育中的作用研究［J］．创业就业教育，2016（02）.